12个朋友圈疯转的自媒体案例，是你学习文案写作的好榜样

李叫兽
致力于给营销人提供工具的自媒体

公众号主理人： 李靖（前百度公司副总裁）
爆款文章：《月薪 3 000 与月薪 30 000 的文案区别》《为什么你会写自嗨型文案》等

情感、励志类自媒体

公众号主理人： 马凌（前《南方都市报》深圳杂志部首席编辑）
爆款文章：《如何写出阅读量 100 万 + 的微信爆款文章？》《职场不相信眼泪，要哭回家哭》等

姜茶茶
吐槽广告圈的自媒体

公众号主理人： 姜某（前奥美广告资深文案）
爆款文章：《没这些职业病，还真不好意思说自己是广告人……》《快过年了，又到了给亲戚解释广告是干什么的时候了》

新世相
文艺类自媒体

公众号主理人： 张伟（前《博客天下》执行总编，前《GQ 智族》副主编、总主笔）
刷屏事件策划： "4 小时逃离北上广" "丢书大作战" "新世相图书馆" 等

胡辛束
"少女心"泛滥的情感自媒体

公众号主理人： 胡娜（前杜蕾斯官方微博编辑），笔名胡辛束
爆款文章：《我心中的 10% 先生》《像机器人一样爱你》等

顾爷
艺术科普类自媒体

公众号主理人： 顾孟劼（平面设计师、畅销书作者）
刷屏事件策划： "凡·高为什么要自杀" 等

王左中右
以"变态字"解读新闻的自媒体

公众号主理人:王国培(原《澎湃新闻》运营总监,前《朝日新闻》官方微博运营者)

爆款文章:《春节临近,北京朝阳区的气氛略紧张》等

黎贝卡的异想世界
时尚、生活方式类自媒体

公众号主理人:方夷敏(前《南方都市报》首席记者)

爆款文章:《李健,你抬高的不只是理工男的行情,还有衣品》等

六神磊磊读金庸
以金庸小说解读现实江湖的自媒体

公众号主理人:王晓磊(前新华社重庆分社记者)

爆款文章:《金庸、古龙、鲁迅会怎么写"爸爸去哪儿"》《猛人杜甫,一个小号的逆袭》等

衣锦夜行的燕公子
情感类自媒体

公众号主理人:龚燕(资深经纪人,福星传媒副总裁,《恋爱学院》主持人)

爆款文章:《做个不将就的女人才能泡到男神》《和粗人谈恋爱》等

杜蕾斯
杜蕾斯产品自媒体

传播行业地位:"文案只服杜蕾斯,追热点只服杜蕾斯"

刷屏事件策划:"雨夜鞋套""杜蕾斯虚拟美术馆"等

银教授吐槽
搞笑段子自媒体

公众号主理人:阿银(微博知名搞笑博主、编剧)

爆款文章:《曾经眼里全是你》《陌生人的善意》等

爆款文案写作公式

佩弦 著

内 容 提 要

本书从六大维度（思维、热情、工具、方法、技能、行业）系统地介绍文案写作的技巧，揭秘12个自媒体（李叫兽、咪蒙、王左中右、黎贝卡的异想世界、顾爷、新世相、姜茶茶、胡辛束、六神磊磊读金庸、衣锦夜行的燕公子、银教授吐槽、杜蕾斯）爆款文案的写作之道，总结并讲解5套公式："标题方程式""软文方程式""段子方程式""成功方程式"和"求职方程式"。

本书既可作为零基础学习新媒体文案的教科书，也可作为新媒体文案从业者的工具书。

图书在版编目(CIP)数据

爆款文案写作公式 / 佩弦著. —北京：北京大学出版社，2018.11
ISBN 978-7-301-29902-9

Ⅰ.①爆… Ⅱ.①佩… Ⅲ.①传播媒介—文书—写作 Ⅳ.①G206.2

中国版本图书馆CIP数据核字（2018）第213619号

书　　　名	爆款文案写作公式 BAOKUAN WENAN XIEZUO GONGSHI
著　　　者	佩 弦 著
责 任 编 辑	吴晓月
标 准 书 号	ISBN 978-7-301-29902-9
出 版 发 行	北京大学出版社
地　　　址	北京市海淀区成府路205 号　100871
网　　　址	http://www.pup.cn　　新浪微博:@北京大学出版社
电 子 信 箱	pup7@pup.cn
电　　　话	邮购部 010-62752015　发行部 010-62750672　编辑部 010-62570390
印 刷 者	三河市博文印刷有限公司
经 销 者	新华书店
	880毫米×1230毫米　32开本　彩插1　8印张　152千字 2018年11月第1版　2021年11月第6次印刷
印　　　数	15001–17000册
定　　　价	35.00元

未经许可，不得以任何方式复制或抄袭本书之部分或全部内容。
版权所有，侵权必究
举报电话: 010-62752024　电子信箱: fd@pup.pku.edu.cn
图书如有印装质量问题，请与出版部联系。电话: 010-62756370

推荐序

为什么你的公众号就是做不起来

开号→信心满满地写了一篇文章→发朋友圈，请求大家关注转发→亲戚好友帮忙转发→阅读量达到最高峰→第二次、第三次就没有朋友转发了→阅读量跌到几百→觉得没动力写了→弃号

如何避免以上困境？我建议你从以下三方面寻求突破。

1. 做公众号要有好心态

第一个心态是，要做好豁出去的准备。既然想做内容，就不能悄悄注册个小号，然后通过这个小号去传播你的作品。你所做的事情，最先影响的肯定是你身边的人——朋友、家人、领导、亲戚等。他们是最先能看到你作品的人，你要借助他们的力量去帮你分享、传播。

第二个心态是，要做好没有回报的准备。我做事情有个习惯，如果犹豫要不要去做，那我会想象一下做这件事最差的结果，然后问自己能否接受。比如，花了两天时间去写一篇文章，而最后的阅读量只有200次，这样的结果我能接受吗？如果答案是肯定的，那么我就继续做，否则我就去打游戏。如果自己的预期非常高，希望公众号的第一篇文章就有10 000人关注，当结果达不到预期时，自信心就会受挫，自然而然会降低创作

的热情，最后无法坚持下去。所以把预期放低一点，知足长乐。

2. 尝试垂直类公众号

公众号大致可以分为两类：垂直类和非垂直类。非垂直类公众号写的文章是普罗大众都能够看得懂的，如"咪蒙"公众号，写的是情感、教育、职场，适合的读者群很广。如果去跟"咪蒙"比写热点，跟"胡辛束"比写情感，是比不过他们的，他们的经验比你丰富得多，粉丝基数也大，你要比她们写得好很多才能火。

所以，可以尝试去写垂直类的文章，只高度关注某一领域，比如我写的就是广告行业的，不是所有的人都看得懂，主要是广告、营销、公关圈的从业者感兴趣。垂直类公众号有一个好处，就是粉丝关注是因为工作需要，没有那么容易取消关注。

3. 写文章多换位思考

每次写文章时，要思考两个问题，首先要思考的是，这篇文章是写给谁看的？例如，我的文章就是写给广告人看的。要先确定受众，这个受众要足够大。其次要思考的是，别人为什么要转你的文章？我总结出以下7个理由。

（1）帮我嘚瑟：我的文章被别人转发到朋友圈时，会显得别人特别厉害。2017年支付宝年度账单出来后，网友争相在朋友圈里晒自己一年花了多少钱，正是出于这种心理。

此类文章示例如下：

《红酒的50种喝法》

《有一个超可爱的女朋友是一种什么体验？》

（2）让我想说：帮助用户展现出他们想要展示的观点和态度。

此类文章示例如下：

《没这些职业病，还真不好意思说自己是广告人……》

《为什么你拼了命，也不能把社会化营销做成杜蕾斯那样？》

（3）引我好奇：通过引起读者的好奇心来引发传播，让用户觉得大开眼界。

此类文章示例如下：

《99%的人竟然不知道iPhone还有这个功能》

《国外有个人，竟然把心脏挂在外面生存了一年》

（4）让我害怕：读者因为害怕文章中的可怕后果而转发。

此类文章示例如下：

《被狗咬13天后去世，面对狂犬病我们该怎么办》

《杀伤力惊人！吃了一个猕猴桃，10岁男孩休克被送进急诊室》

还有另外一种恐惧，是营造一种紧迫感。让人担心这个帖子会被删掉，继而点开。

此类文章示例如下：

《整个朋友圈都在看×××，你还没看？》

《这段视频，再不看明天就被删了！》

（5）帮我省时：文章能为读者带来便利，节省时间。在网上看到有用的信息，我们经常会收藏。一份书单、一个游戏下载地址、一份旅游攻略，这些都属于实用性的文章。

此类文章示例如下：

《北京必去的10个景点》

《100部好看的美国电影》

（6）给我利益：给读者带来利益，如礼物、红包、荣誉、知识等。

此类文章示例如下：

《一篇价值5 000万的驻颜秘诀》

《这是主城区最便宜的一个项目，首付仅需13万》

（7）让我共鸣：高共鸣的文章能让受众产生强烈的共鸣，有一种"这就是在说我"的感受，继而想让朋友圈的好友都来了解自己，然而分享出去。

此类文章示例如下：

《有这些职业病，才能叫广告人！》

《工作越稳，你心越慌》

以上7点含有一个共同的字——"我"，在互联网时代，读者多是以自我为中心的，所以你必须站在读者的角度去思考问题、进行写作，这样才能牢牢抓住读者的注意力。

要想做好自媒体，写出阅读量10万+次的爆款文章，并非想象得那么难，是有一定的方法可以学习的，就像本书的作者佩弦老师说的：写作有了公式，爆款可以复制。本书文字通俗易懂，不光详细介绍了非常实用的文案写作技巧，更涉及新媒体文案需要的方方面面的知识。对于零基础学习文案写作的读者或文案写作从业者来说，千万不能错过！

姜茶茶

前言

如何系统高效地学习文案写作

请先看一道单选题。

学习新媒体文案，你认为系统并有效的学习方法是（　　）。
A. 多读多写
B. 针对写作技能进行培训，如标题技巧、软文技巧等
C. 围绕与"人"有关的知识点进行培训，如用户购买行为、消费心理等

答案:无一正确!

以上选项的分析如下。

选项 A 的弊端如下。

怎样才能学好文案?大多数教科书和老师的回答是"多读多写"——其实该回答是一句正确的"废话"。究竟该读哪些书?到底要花多长时间才能见成效?茫然。

选项 B 和选项 C 的弊端如下。

提高文案写作水平需进行综合素质训练,既需要学习标题写作、软文写作这样的"招式",又需要练习逻辑力、思维力、洞察力这样的"内功"。"招式"和"内功"的关系有以下两点。

(1)"内功"越深厚,"招式"的威力越强。例如,同样是运用"设问式"技巧写微信标题,普通文案的标题是《如何看懂一场艺术展览?》,而"顶尖文案"的标题是《不懂艺术的人去艺术展,应该做什么?》。显然后者的"内功"更深厚,精准锁定目标人群,文章阅读量自然更高。

(2)"内功"再厉害,不会"招式"也不行。咪蒙曾在《南方都市报》深圳编辑部担任了 12 年编辑,但为了适应新媒体的写作方式,咪蒙做了专项研究,并总结出一套写微信公众号文章的公式:50 个选题、四级采访、5 小时互动式写作、将 100 个标题发到 5 000 人的微信群投票,文章发布后写 10 000 字的分析报告。由此才有了一篇篇阅读量 10 万+次爆款文章的稳定输出。

那么到底如何才能系统、高效地掌握文案的写作方法呢?

如图 0-1 所示，笔者总结了文案研习的"六项修炼"，即文案工作者需从思维、热情、工具、方法、技能、行业六个维度进行提升，如此才能既掌握好"招式"，又修炼好"内功"。

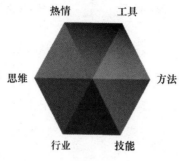

图 0-1 文案写作的六项修炼

一、思维

在一个文案写作者的成长过程中，其思维方式要历经 3 次转变：从学生思维到职场思维、从低薪思维到高薪思维、从定式思维到思辨思维，如表 0-1 ～表 0-3 所示。

1. 从学生思维到职场思维

表 0-1 学生思维与职场思维的区别

学生思维	职场思维
毕业了就不用学习了	坚持学习，投资自己
找工作不好意思谈待遇	大大方方谈待遇

续表

学生思维	职场思维
我有一个很棒的点子	我会把点子实现
我工作经验为零	我如何才能获得工作经验
公司太糟了，我要跳槽	公司请我来是解决问题的

"胡辛束"公众号主理人胡辛束曾经说："在我招人的过程中，发现很多刚踏入职场的小朋友依旧带着学生思维，空有梦想却简历无光。"本书将在第七章中指出99%的应届毕业生都会犯的错误，帮助读者从学生思维转化为职场思维。

2. 从低薪思维到高薪思维

表0-2 低薪思维与高薪思维的区别

低薪思维	高薪思维
能力取决于工作经验	能力取决于"刻意练习"的时间
现在做公众号太晚了	什么时候开始都不晚
写作靠天赋和创意	写作是有方法的
读书越多越没用	读书是最成功的投资
哪个行业前景最好，哪个岗位赚钱最多	你真心热爱你所做的事，你的工作本身就是报酬

思维决定高度，学习改变思维。本书将在第四章中揭秘12位爆款文章作者独特的思维方式，帮助读者从低薪思维转化为高薪思维。

3. 从定式思维到思辨思维

表 0-3　定式思维与思辨思维的区别

定式思维	思辨思维
广告设计最重要的是创意	广告的目的是改变用户的行为，而不是发挥广告人的创意能力
把工作变成兴趣，会是一件无趣的事	把自己的兴趣当成工作是件很幸福的事
男孩子要穷养，女孩子要富养	男孩女孩都要富养，富在见识、视野和体验上
育儿是一场教育孩子的过程	育儿更多的是教育家长自己

"李叫兽"公众号主理人李靖在《你有多久，没有死磕过一个问题？》一文中写道："大部分人无法洞察，因为他们的目标是更轻松地找到一个让自己满意的答案，以解决'无知'的难受，而不是寻找更本质的真相。"文字工作者要想不断输出新观点，具备独立思考、"死磕"问题的能力非常重要。本书汇聚了12位爆款文章作者独特的思维方式，以帮助读者从定式思维转化为思辨思维。

二、热情

日本"经营之圣"稻盛和夫将人分为"自燃型"人、"可燃型"人和"不燃型"人，其中前两类人具有培养价值。

"自燃型"人是指自发对事物产生兴趣并能长期保持做事

热情的人。"可燃型"人是指要受到外界的推动或激励，才能够活跃并坚持学习的人。在十余年的管理和培训生涯中，笔者发现针对"自燃型"人和"可燃型"人，需采取以下两种截然不同的激励方式。

（1）对"自燃型"人来说，其保持长久学习热情的秘诀源自"兴趣"或"榜样"。

（2）对"可燃型"人来说，要使其保持长久的学习热情需依赖"任务"驱动。

1. 源自兴趣

正如科学家爱因斯坦所说："兴趣是最好的老师。""自燃型"人一旦对某事物产生了浓厚的兴趣，就会保持长久的热情而自发地学习，并在求知、探索、实践中产生愉快的情绪和体验。例如，"六神磊磊读金庸"公众号主理人王晓磊在初中对金庸小说产生兴趣后，一发不可收，将金庸的武侠小说读了二十几遍。

2. 源自榜样

NBA（National Basketball Association，美国职业篮球联赛）球星科比是典型的"自燃型"人。曾经有记者问科比："你为什么能如此成功呢？"科比反问："你知道洛杉矶凌晨四点钟是什么样子吗？"科比训练为何如此拼命？因为科比将取得

6枚NBA总冠军戒指的"篮球之神"迈克尔·乔丹视作自己的榜样。而王晓磊、王国培等自媒体作者也都有各自的榜样（如钱钟书、巴尔扎克、金庸、王小波、刘瑜等），榜样的力量给予"自燃型"人不断提升的动力。

3. "任务"驱动

大多数人是"可燃型"人，依赖"任务"驱动。

什么样的"任务"，才能克服"3分钟学习热情"和工作拖延症呢？笔者发现，在培训过程中只有那些对当前工作产生实际效果和实在价值的任务，学员才愿对其投入长期的热情。

因此，笔者将每一章设计成一项"任务"，七章对应七项"任务"，各项"任务"都致力于帮助读者更轻松、更出彩地完成工作，少加班、多加薪。试问，这样的"任务"，你难道不心动吗？

各章节的任务安排如下。

第一章：教你写文章，提炼好观点

第二章：教你写标题，争夺注意力

第三章：教你写软文，引流高转化

第四章：教你成功路，套路能复制

第五章：教你写段子，成为段子手

第六章：教你做营销，提升影响力

第七章：教你求职法，升职又加薪

三、工具

广告公司有 3 个怪现象：其一，当文案想不出创意时，上级给的建议往往是"去咖啡厅换换脑子"；其二，把一堆人关在一间会议室想创意，美其名曰"头脑风暴"；其三，创意不够，加班来凑。

其实，要解决上述难题，行之有效的方法是提前准备"工具"。什么是"工具"？例如，上学时看书识字，《新华字典》就是工具；大学时考英语四级，"万能作文模板"也是工具。

同理，要想快速、高质量地完成文案工作也需要工具。在本书中，笔者为文案从业者提供了两类工具。第一类是"框架内思考工具"，避免写作时信马由缰地发散思维。例如，对于写标题，本书第二章中总结的"标题方程式"就属于框架内思考工具。第二类是"模板工具"。例如，在第五章中总结了"段子方程式"和 17 种段子技巧，只需套用模板即可。

四、方法

坏方法事倍功半，好方法事半功倍。本书在第四章中揭秘了黎贝卡、李叫兽和咪蒙的学习方法，在第六章中讲解了自媒体的营销方法。

五、技能

学习新媒体文案,为什么尤其要对"标题""段子""软文"进行专项练习?

1. 标题的作用:吸睛

微信文章、宝贝详情页、新闻、报告、简历……只有掌握好标题技巧,才能够让文案从业者在"注意力争夺战"中胜出,让其观点和才华不被埋没。

2. 软文的作用:吸金

"顾爷"公众号主理人顾孟劼曾经说过:"对我们这些所谓的自媒体来说,最快的变现方式其实就是打广告。"掌握好软文技巧,能够帮助你运营的自媒体实现快速变现,能够助你打开产品销路。

3. 段子的作用:吸粉

银教授吐槽、衣锦夜行的燕公子、杜蕾斯、咪蒙、王左中右、顾爷……读者因为能从以上自媒体的文章中得到快乐,于是选择了订阅。学会讲段子的技巧,不仅能够提升你的个人魅力,而且有机会让你运营的自媒体粉丝过百万。

六、行业

打开招聘网站输入"文案"一词，你会发现有地产行业的文案，有美食行业的文案，有时尚行业的文案等。不同行业的文案，需要匹配不同的行业经验。例如，"黎贝卡的异想世界"团队招聘文案中的任职要求是"关注时尚行业动态，熟知圈内大事小事、大小人物"。"姜茶茶"公众号的招聘文案中的要求是"拥有广告公司的从业经验"。

文案写作者在职业生涯发展中需要认准一个行业，深耕此行业，不断精进。

1. 从外行到入行

大多数时候面试官或领导评判一名文案不合格，不是说他文笔不够好，而是认为他对行业一无所知。因此，文案新人在投递简历前或接手新工作时应首先熟悉行业情况。例如，从事房地产行业的文案新人，当务之急不是立即开始写文章，而是通过实地踩盘、请教置业顾问等方式快速了解房地产行业。

2. 从入行到内行

随着对行业的洞察和思考，写作者的"内功"有机会显著提升。正如"咪蒙"公众号主理人马凌所说："你在哪个领域有深厚的积累？你对哪个问题有深入的思考？你对哪种现象有深刻的研究？其实文章写的就是见识、阅历和积累。"

CONTENTS 目录

绪论 新媒体时代——文字创作者的黄金时代

一、新媒体时代"老腊肉"熬出头 ·· 1
二、新媒体时代"小鲜肉"正当红 ·· 3

第一章 教你写文章,提炼好观点

一、广告文案和新媒体文案的定义 ·· 6
二、爆款文章的定义是什么 ··· 7
三、文章写作的本质 ·· 11
四、选题:寻找发表观点的课题 ·· 13
　　(一)尺度 ··· 14
　　(二)相关度 ··· 14

（三）热度 ··· 15

（四）角度 ··· 18

五、杜蕾斯第一次是怎样追热点的 ······································· 20

第二章　教你写标题，争夺注意力

一、标题，一句话的力量 ·· 24

二、写标题，究竟难在哪 ·· 26

三、标题方程式 ·· 28

（一）标题方程式之正能量 ··· 29

（二）标题方程式之相关度 ··· 35

（三）标题方程式之故事性 ··· 44

（四）标题方程式之技巧 ··· 48

（五）标题方程式之乘法法则 ·· 68

四、写标题的正确方式和日常练习方法 ······································ 71

五、在吃喝玩乐中学写标题 ·· 73

（一）跟微博段子手学写标题 ·· 73

（二）从主谓宾游戏中学写标题 ······································· 76

（三）从优秀电影中学写标题 ·· 77

（四）跟"虎扑体育"学写标题 ·· 79

（五）从自媒体网红一句话简介中学写标题 ························· 82

课后习题 ··· 83

目录

第三章 教你写软文，引流高转化

一、软文的定义 ·· 88

二、软文方程式 ·· 88

 （一）软文方程式之内容载体 ······················· 89

 （二）软文方程式之植入广告 ······················· 91

 （三）软文方程式之故事力 ··························· 92

 （四）软文方程式之乘法法则 ······················· 98

三、软文写得出神入化，是否能创造销售奇迹 ······· 99

四、微信软文发布的最佳时间 ······························ 100

课后习题 ·· 101

第四章 教你成功路，套路能复制

一、成功方程式之思维方式 ·································· 104

 （一）80%的人输入，20%的人输出 ··············· 105

 （二）80%的人挤阳关道，20%的人走独木桥 ··· 106

 （三）80%的人迷茫，20%的人专注 ··············· 108

 （四）80%的人违背常规，20%的人打破不合理常规 ··· 110

 （五）普通人如何升级自己的"思维方式" ······· 111

二、成功方程式之努力 ·· 112

 （一）归纳总结 ·· 113

（二）刻意练习 ·· 115

　　（三）时间管理 ·· 118

三、成功方程式之天赋 ··· 122

四、成功方程式之乘法法则 ·· 125

课后习题 ··· 127

第五章　教你写段子，成为段子手

一、段子写得好是一种什么体验 ··································· 129

二、段子创作的两个原则 ·· 131

　　（一）原则一：明确目的 ······································ 131

　　（二）原则二：面向大众 ······································ 132

三、段子方程式 ··· 133

　　（一）段子方程式之笑点 ······································ 133

　　（二）段子方程式之相关度 ···································· 136

　　（三）段子方程式之戏剧性 ···································· 138

　　（四）段子方程式之技巧 ······································ 143

四、段子方程式之乘法法则 ·· 164

课后习题 ··· 166

第六章　教你做营销，提升影响力

一、品牌塑造 ··· 169

目录

　　（一）品牌人格化 ·· 169
　　（二）品牌人设法 ·· 172
二、内容输出 ·· 175
　　（一）产品化和节目化 ·· 175
　　（二）有关和有用 ·· 179
　　（三）参与感和共鸣感 ·· 181
　　（四）仪式感和微创新 ·· 188
　　（五）UGC 和 PGC ·· 196
三、辨识符号 ·· 201
　　（一）文字符号 ·· 201
　　（二）表达符号 ·· 207
　　（三）视觉符号 ·· 211

第七章　教你求职法，升职又加薪

一、思维转变：从"学生思维"到"职场思维" ················ 214
二、找工作困惑多？"求职方程式"解密 ······················· 215
三、怎样避免写"自嗨"简历 ······································ 217
四、简历屡次被拒！挑剔的 HR 到底在想什么 ················ 218
五、普通人如何写出逻辑性强的简历 ···························· 220
六、面试自我介绍，3 种模板任你选 ···························· 222
七、教你高情商的对答：面试"送命"题变送分题 ··········· 225
八、毕业生求职，如何才能挤进大公司 ························ 227

附录 佩弦老师的文案课程

入门课程 …………………………………………… 230

进阶课程 …………………………………………… 231

系统课程 …………………………………………… 232

特别鸣谢 …………………………………………… 233

绪论

新媒体时代——文字创作者的黄金时代

一、新媒体时代"老腊肉"熬出头

1999年,在读大四的马凌看到了《南方周末》头版的新年献词《总有一种力量让我们泪流满面》,文章中的最后一段内容是"阳光打在你的脸上,温暖留在我们心里。为什么我们总是眼含着泪水,因为我们爱得深沉;为什么我们总是精神抖擞,因为我们爱得深沉;为什么我们总在不断寻求,因为我们爱得深沉。爱这个国家,还有她的人民,他们善良,他们正直,他们懂得互相关怀"。于是,深受感染的马凌决定投奔媒体。

马凌在《南方都市报》做了12年的编辑,2014年年底,她创办了影视传媒公司。10个月后,她花光了400万元,公司也垮了。马凌的文章《我是如何成功地把一家公司开垮的》记录了这段经历。此后,马凌创办了"咪蒙"公众号,4个月的时间，公众号的粉丝超过200万人，多篇文章阅读量100万+次，单条软文收入超过50万元。连马凌自己都感慨："什么时候写字这么挣钱过？"

在纸媒的黄金时代，《南方都市报》的发行量最高突破140万份，曾拥有员工4 000余人；而公众号"咪蒙"只用了一年，订阅户就超过800万人，且当时写作者仅有马凌一人。

尝到新媒体甜头的媒体人还有王国培和王晓磊。王国培是公众号"王左中右"的主理人，原"澎湃新闻"运营总监。他在《对不起，我只想当个段子手》中说道："（做自媒体后）这种踏实和幸福来自两方面，一方面当然是和老婆的生活终于有了一点改善，另一方面是我写的东西有了实实在在的反馈。"王晓磊是公众号"六神磊磊读金庸"的主理人，任职于新华社重庆分社。他说："公众号收入从工资的1%、1/10，到5倍、10倍……50倍，不能再往高说了。我特别感谢这个时代，感谢我们有自媒体，能够让我这么一个不优秀的人，也能够靠一支笔来吃饭。"

从纸媒记者到新媒体创业的人还有方夷敏。方夷敏是公众号"黎贝卡的异想世界"的主理人，在《南方都市报》工作了12年。她说："自媒体这种传播形式，我也是第一次接触。之前做报纸，其实你不那么清楚你的读者是谁。《南方都市报》的发行量当时说是快200万份了，但我并不知道我写的文章是谁在读，可能他们想骂我都找不到地方吧。这跟新媒体的传播、互动方式完全是两回事,所以到了微信公众平台,我觉得很新鲜。"

二、新媒体时代"小鲜肉"正当红

　　与传统媒体出身的马凌、王国培等相比,胡辛束、姜某、李靖三人年纪轻轻就享受到了新媒体带来的红利。

　　公众号"胡辛束"的主理人是胡娜,笔名为胡辛束。2016年6月,刚过了24岁生日的她获得了真格基金和罗辑思维的450万元投资。胡辛束的成名作是2015年3月的推文《像机器人一样爱你》。这篇与《超能陆战队》有关的推文达到惊人的330万次的阅读量,"胡辛束"公众号的粉丝也从1万多人涨到了5万人!对比传统广告和新媒体广告,胡辛束感言:"传统广告行业的流程非常慢,一个idea(创意)会经过非常漫长的流程才能'出街'。社交媒体就不一样,一分钟、两分钟、三分钟之内,随时能看到用户的反应。越快,越能在短时间内纠正自己。传统广告怎么办?你都不知道自己错在哪儿。永远没办法和当下结合。"

　　公众号"姜茶茶"的作者姜某,2014年6月,当时还在读大四的她创作的"节操词典"在网络上热传。"节操词典"是对一些词语的新解。例如,"谈婚论嫁"的本意是形容谈恋爱到了讨论结婚事宜的阶段,而在"节操词典"中的"谈婚论价"则是形容很多女生拜金，一提结婚就要钱的行为。再如，"点赞之交"的本意是指交情甚浅，见了面不过点点头而已，而在"节操词典"中的"点赞之交"则是表示两个人没什么交集，但是会互相在社交平台点赞的关系。

公众号"李叫兽"的主理人李靖，2016年12月，以近亿元的估值接受百度公司对其营销咨询公司的收购，25岁的他也成为百度最年轻的副总裁。据悉，李靖于2014年5月起，开始在"李叫兽"公众号上更新文章，每周坚持一篇原创文章，但粉丝量却一直在600人左右徘徊。其转折点出现在同年年底，李靖写了一篇《7页PPT教你秒懂互联网文案》的文章。一个月后，某位编辑将其标题改为《月薪3 000与月薪30 000的文案有什么不同》，使得该文章成为多家公众号和媒体争相转载的"刷屏"热文。此文爆红后，奇虎360董事长周鸿祎主动找到李靖，请他做360的咨询项目。2015年6月，另一篇《为什么你会写自嗨型文案》再火之时，李靖自述在半年内已经收到了2 000家公司的咨询。

第一章

教你写文章，提炼好观点

> **摘要**
>
> 酸　文案入门，该如何学起？文字功底差，如何提高写作水平？公众号如何做好内容选题？工作必修，无人指点。
>
> 甜　从理论到实操，从广告学到新媒体，从"内功"到技巧，佩弦老师为你一一讲解。
>
> 苦　文案入门很迷茫，转行文案遇门槛。你的苦，佩弦老师懂。
>
> 辣　揭秘"六神磊磊读金庸""姜茶茶""王左中右"等公众号的选题套路，姜还是老的辣。
>
> 咸　零基础学习新媒体写作，阅读量从0到10万+次，本书助你"咸鱼翻身"。

一、广告文案和新媒体文案的定义

某广告公司招聘文案，共有三人前来应聘：第一位曾是高考作文满分得主，第二位是畅销穿越小说的作者，第三位是某国企文字秘书。

如果你是招聘方，你会选择谁来做文案？答案是：都不匹配！为什么呢？

"广告文案，就是坐在键盘后面的销售人员。"这句话出自零售广告公司总裁朱蒂丝·查尔斯之口。这是对"广告文案"这个角色的最佳定义。

选择作文高手、网文作者、文字秘书的各位，请问他们写出的文案能将客户的产品卖出去吗？广告的目的不是要讨好、娱乐观众，或者赢得广告大奖，而是要把产品卖出去。一个有智慧的广告人，并不会关心大家是否喜欢他的广告，或者评价他的广告是否有趣。毕竟广告终归是达成目标的工具，而这个目标就是为广告主增加销售量与获利。

大卫·奥格威是现代广告业的传奇人物，他不仅一手创立了奥美广告公司，更是一名好的文案写作者。大卫·奥格威的作品机智、迷人，但最重要的是，他坚持它们必须有助于销售。有调查显示，他通过广告卖出去的产品数量是另外两位同时期美国广告业大师威廉·伯恩巴克和里奥·伯纳德卖出去数量总和的6倍！例如，大卫·奥格威为劳斯莱斯汽车撰写的文案：

"在时速60英里时,这辆新款劳斯莱斯汽车上的最大噪声来自它的电子钟。"又如,大卫·奥格威为多芬香皂撰写的文案:"多芬香皂不但能深层清洁皮肤,而且对皮肤还有保护和润泽作用,洗澡特别舒服。"

那么,新媒体文案的定义又是什么呢?笔者给出的定义是:使用新媒体工具的推广人员。新媒体工具有哪些?例如微信公众号、微博、今日头条、知乎等。

推广人员的任务是什么?其一,推广产品。例如,杜蕾斯官方微博通过追热点、有奖活动等方式达到推广避孕套产品的目的。其二,推广品牌。例如,李靖通过公众号"李叫兽"撰写百余篇高质量的营销分析文章,在朋友圈被疯狂转载后成功树立个人品牌,半年之内超过2 000家企业找李靖做咨询。

二、爆款文章的定义是什么

"爆款文章与普通文章相比,优点在哪?"
"老师,请帮忙看看,我的文章离爆款还有多远呢?"
"我写的文章阅读量好低啊,我要不要放弃?"

要解决以上问题,笔者认为首先要搞清楚"爆款文章"的基本概念。

什么是爆款文章?笔者下的定义是:

能够吸引到足够数量目标读者的关注,能够提供满足目标读者需求的内容,能够让目标读者轻松理解观点的内容型产品。

接下来,笔者逐一对"爆款文章"的概念进行解读。

1. 为什么爆款文章属于内容型产品

"现代营销学之父"菲利普·科特勒在其专著《市场营销原理》中对产品的定义是:"我们把产品定义为向市场提供的,引起注意、获取、使用或消费,以满足欲望或需要的任何东西。产品不仅包括有形产品,如汽车、电脑和手机,广义上产品还包括服务、事件、人员、地点、组织、观念或者上述内容的组合。"不少文案新人犯的错误是将新媒体文章看作文学作品,而爆款文章作者却将新媒体文章看作一种产品。

笔者以一张表来说明爆款文章实质上是一种产品,如表1-1所示。

表1-1 新媒体文章的产品属性对照

产品	新媒体文章
消费者	目标读者
包装	标题+头图
销售平台	新媒体平台
品牌价值观	观点
口碑	留言

在产品主要的五大特性上,新媒体文章都符合。

2. 如何吸引足够数量目标读者的关注

笔者发现，爆款作者主要依靠自身积累、文章标题、大V助力、平台推广4种方式吸引目标读者关注。

（1）**作者积累**。大多数自媒体人写出第一篇10万+次阅读量的文章要用半年甚至更长的时间，但是马凌注册"咪蒙"公众号后，推送的第三篇文章《你为什么是外貌协会》的阅读量即达10万+次。为什么马凌能以"火箭速度"打造出爆款？这与马凌此前的积累是分不开的。马凌在《南方都市报》编辑部工作了12年并做到了深圳杂志部首席编辑的职位，出版过5本图书，在豆瓣网上有10多万粉丝，在新浪微博有200多万粉丝。"咪蒙"的新浪博客有400多篇博文，在豆瓣网最早的一篇文章是2012年6月12日发布的《我的爸爸，要结婚了》，获得了4 456个"喜欢"。

（2）**文章标题**。"王左中右"公众号主理人王国培强调："一篇文章，好的标题会对转发起到推波助澜的作用。文章本身写得好不好属于产品，标题则属于这个产品的营销。"

（3）**大V助力**。大V是指那些所发布内容的转发量在500次以上的公众人物。2013年，顾孟劼开始在微博上写文章，他从雷诺阿、莫奈写起，写到第三篇和第四篇的时候竟吸引到一批影视明星进行转发。"顾爷"的微博开始成倍地"涨粉"。顾孟劼说自己恰恰就是这种"人来疯"的类型，开始有更大的动力和热情来写文章。

（4）平台推广。李靖在开通公众号初期经历过短暂的迷茫，一度怀疑自己，但最终坚持了下来，并依靠其他平台推广自己的微信公众号。据悉，2014年7月，"李叫兽"公众号的粉丝数尚不足600人。2014年8月，李靖在知乎回答了7个问题，尤其是在"应该清楚男友哪些方面才能嫁给他？"这个问题下的回答收获了4万+个赞同和1 600多条评论。2014年，李靖在知乎的收获非常大，仅10个回答便获得了19 140个赞，其中一个回答还被知乎周刊收录，这个回答就是李靖的第一篇爆款文章《为什么你会写自嗨型文案》。

3. 写新媒体文章该满足谁的需求

新媒体写作不是为了满足作者的需求，更不是为了满足广告主或上司的需求，而是为了满足市场和目标读者的需求。例如，当"顾爷"公众号主理人顾孟劼尝试在文章中写一些解密丢勒的铜版画的技巧、解构维米尔的透视法等更深的内容时，发现并没有多少人阅读。如此，他也不强求读者接受，而是把难度降低，以满足目标读者的需求。

4. 如何让目标读者轻松理解观点

生动的表现形式、有趣的表达方式，能让目标读者理解观点时更轻松。

（1）生动的表现形式。大多数作者写文章是以纯文字的形式呈现的，反观胡辛束、李靖等爆款文章作者，却在此基础上加入插画或图表,给目标读者带来更好的阅读体验,如表 1-2 所示。

表 1-2 爆款文章作者文章表现形式

表现形式	案例
纯文字 + 漫画	姜茶茶
纯文字 + 插画	胡辛束
纯文字 + 图表	李叫兽

(2)**有趣的表达方式**。普通作者写文章平铺直叙、中规中矩,反观王晓磊、顾孟劼等爆款文章作者却穿插故事和段子,给目标读者带来更好的阅读体验,如表 1-3 所示。

表 1-3 爆款文章作者文章表达方式

表达方式	案例
穿插故事	六神磊磊读金庸
穿插段子	顾爷

三、文章写作的本质

在笔者的文案培训中,学员咨询最多的问题是:"完全不会写文章该怎么办?"初次回答此提问时,笔者给出的建议是,对选题、立意进行训练。

此外,一些学员会将自己写的文章发给笔者,希望笔者能给予点评。初时点评作品,笔者指出的是其文章的逻辑结构、标题需要优化等问题。后来，随着越来越多的新学员提出相似的问题，笔者开始反思自己的解答是否"治标不治本"，并开始思考一个终极问题：文章写作的本质是什么？

回顾自己从小到大的写作经历：学生时代写作文，"得高分"算是写作的本质吗？工作后写软文，"巧妙植入"算是写作的本质吗？网络编辑拟定标题，"提高点击率"算是写作的本质吗？写段子，"神转折"算是写作的本质吗？在一番思索后，笔者认为，"得高分""提高点击率"算是写作目标，"植入技巧""神转折"算是写作技巧，它们都不是写作的本质。

那么文章写作的本质到底是什么？笔者认为，写作和发表演讲、拍电影一样，其本质是为了表达观点。而平庸的文章与爆款文章，其差距就在于观点的力度和表达观点的技巧。

观点有多重要？"咪蒙"公众号主理人马凌曾经说过："新媒体迟早会变成旧媒体，但是观点和共识是永恒的刚需。观点越来越重要，不仅仅是观点，还是引爆点。"

记者问"胡辛束"公众号主理人胡辛束："在互联网上掌握主要话语权的人，都必须具备哪些条件？"胡辛束回答："持续不断地输出自有观点，是成为网红非常重要的特质。"她还强调："用户天然会被有观点的人吸引，如果你只是描述事情本身或发表资讯，那他其实完全可以通过其他渠道。来看你就是为了看观点，看是否能够获取与他相匹配的价值观，或者发生三观上的呼应。"

笔者认为，在写作中读者是作者传播观点的对象，而选题、立意、版式、标题、图片等所有元素，都是为表达观点服务的，即：

选题的作用是挖掘、发表观点的课题；

立意的作用是提炼观点的思想内涵；

文章逻辑的作用是推进观点的产生；

版式设计的作用是让读者清晰地理解观点；

用户访谈、调查问卷和参考文献的作用是让观点更有信服力；

留言、点赞和投票的作用是让读者讨论观点；

标题、头图的作用是赢得展示观点的机会。

四、选题：寻找发表观点的课题

选题有多重要？"王左中右"公众号主理人王国培认为："一篇文章，选题是最重要的，包括写作对象、写作角度。标题的重要性占30%，而选题的重要性占50%！"

选题的作用是什么？

笔者认为：选题的作用是寻找发表观点的课题。

如何快速又准确地策划选题？

我们可以从尺度、相关度、热度和角度这4个维度进行思考。

（一）尺度

在网络上发表文章务必遵守国家法律和发布平台的规则。《互联网新闻信息服务管理规定》（国家互联网信息办公室令第1号）中第三条规定："提供互联网新闻信息服务，应当遵守宪法、法律和行政法规，坚持为人民服务、为社会主义服务的方向，坚持正确舆论导向，发挥舆论监督作用，促进形成积极健康、向上向善的网络文化，维护国家利益和公共利益。"

在把握尺度上，新人最容易犯的错误有以下两类。

第一类错误是为了追求高点击率，炮制色情或与色情擦边类的内容。例如，2017年6月6日，"咪蒙"公众号由于发布文章《嫖娼简史》，不仅文章被删除，而且账号被封长达一个月。在接受采访时马凌告诉记者："我会收敛自己三俗的毛病。"

第二类错误是渲染演艺明星的绯闻隐私、炒作明星炫富享乐等低俗内容。例如，2017年6月9日，"严肃八卦""毒舌电影""南都娱乐周刊""芭莎娱乐"等超过25个知名娱乐八卦号的微信公众号被封停。

（二）相关度

选题内容要与账号定位相关。"姜茶茶"公众号主理人姜某对此的观点是："现在很多公众号存在两个问题，第一是定位不准，没搞清楚这个号是给谁看的。第二是能给用户提供什么价值。想清楚这两个问题，才能做好公众号。我的账号内容定位很精准，就是写给广告人看的。"例如，2018年世界杯期间，"姜茶茶"公众号发布的文章《因为这些烂广告，世界杯我都不想看了！》既结合了世界杯的热点，又做到了选题内容与账号定位相关。

（三）热度

事件的热度体现人们的关注度。热点事件是指网友关注热度很高的新闻或话题，分为瞬时热点和永恒热点。

1. 瞬时热点

瞬时热点是指当日网友广泛关注和讨论的事件或话题。那么瞬时热点选题哪里找？

可以从各大榜单找，如微博热门榜、百度搜索风云榜。

为什么瞬时热点出现后，要快速写作？

"咪蒙"公众号主理人马凌对此的观点是："你的选题要紧跟热点。假如你写一篇很不错的谈婚礼的文章，平时发，阅读量可能不到1万次。如果涉及当红明星，就很容易达到10万+次。因为在这样一个浮躁的时代，大家的注意力都是高度聚焦的，基本都在热点事件上。跟热点相关的最大技术要点就是一个字——快。现在一个热点话题的生命力只有一两天，你稍微慢点，偷个懒，热度就过了。所以热点话题一出来，不管你在做什么，马上就去写！"

2. 永恒热点

永恒热点是指任何时候拿来做选题都能引起网友高度关注和热议的事件或话题。正如"新世相"公众号主理人张伟所说："我所理解的热点，不是与时事相关的热点，而是大家在永久思考、反复提及，只要一提及就会引起大家讨论的话题，如关于死亡、孤独、努力奋斗、生活不如意应该怎么办等。其实人的相似度很高，大部分人都在少数的几种困惑、生活处境中打转。那么在这几种困惑之下，提供罕见、有价值的解读，是产生爆款文章的前提。"

"李叫兽"公众号主理人李靖认为："有很多文章，会给出今日热点，建议你去借势。而我是想尝试分析影响这个群体至少几年的热点。这些被我称为"月经式需求"的热点，一般是社会结构的变化、文化的转型等必然出现的热点，并且都能被重复利用。时事影响不过 3 天，但文化、变化导致的热点却会持续数年，作为营销人，更应该考虑后者。"

永恒热点有哪些？笔者总结了以下 5 类。

（1）大 IP。IP 即 Intellectual Property，意为知识财产，在中国被理解为具有很大可能被开发为电影的"文学财产"或"潜在财产"。大明星、大企业家、大艺术家、知名影视作品中的主角都可以称为大 IP。

例如,"王左中右"公众号主理人王国培从《西游记》中找到了孙悟空和猪八戒这两个大IP,创作了文章《你们都爱猴哥,但我却默默爱着猪八戒》,文章阅读量10万+次。

又如,"顾爷"公众号主理人顾孟劼抓住西班牙画家毕加索这个大IP,创作了文章《一口气看懂毕加索,包教包会,不收学费》,文章阅读量10万+次。

(2)冲突。国家之间的战争、人与人之间的矛盾、群体与群体之间的对立都属于冲突。"李叫兽"公众号主理人李靖认为:"你需要准确识别这个群体正在热议的各种规则冲突,并且让自己站在他们所支持的一方。"

例如,"姜茶茶"公众号主理人姜某因洞察到广告圈中甲方和乙方的冲突,创作文章《十万广告人总结出的甲方黑名单:服务完他们,半条命都没了!》,文章阅读量10万+次。

(3)反差。反差是指不同事物或同一事物的不同方面对比的差异程度。

例如,"杜蕾斯"公众号的文章《北方女婿来南方过年需要注意什么?》,"咪蒙"公众号的文章《南方人vs.北方人:我们是如何相爱相杀的》,都是针对地域反差问题做的选题,两篇文章的阅读量都是10万+次。

(4)励志。"咪蒙"公众号主理人马凌曾说过"包括我自己,很多时候——有挫败感的时候、怀疑人生的时候、否定自己的时候,都需要喝一碗'鸡汤',给自己打点'鸡血',

去面对现实,重新出发。"例如,"咪蒙"的励志文章《为什么我们要这么拼?》,阅读量10万+次。

(5)干货。干货是指专业人士的一些可拿来实际运用的方法或经验。

例如,"李叫兽"公众号的文章《领导口中的"共鸣感文案",到底是什么?》,告诉读者科学化创作"共鸣文案"的方法,文章阅读量10万+次。

又如,"衣锦夜行的燕公子"公众号的文章《如何在装修房子的时候保持不吵架、不离婚》,为女性总结了3种方法避免在装修时与老公发生矛盾,文章阅读量10万+次。

(四)角度

"点""线""面"是几何学中的概念,它们之间的关系是:线是由无数个点连接而成的,面是由无数条线组成的。

策划选题时,如何寻求更新奇的角度?笔者认为,在做选题的时候,可以分别从"点""线""面"这3条线索寻找选题。

1. 点

(1)单点和多点。单点选题是指对一个事物单独做报道,而多点选题是指对有相似特点的多个事物一起做报道。

例如,"马蜂窝"公众号的文章《武大樱花开了!3月进入盛花期,浪漫樱花雨分分钟美哭你》,是对武汉大学单独报道，属于单点选题。而文章《盘点四川最值得去的 20 个地方，但全都去过的人只有 1%！》，是对四川的稻城亚丁、贡嘎山、色达等 20 个景点做报道，属于多点选题。

（2）**焦点和盲点**。在某个节点，网友高度关注的对象属于焦点；而在某个节点，网友关注度低的对象属于盲点。

例如，在母亲节，母亲就属于焦点。对应地，围绕母亲这个焦点，"伊藤洋华堂"公众号策划了文章《爱的礼赞——春熙店母亲节特别活动》，"澎湃"公众号策划了文章《母亲节礼物，从这 16 款不容易撞包的抢手货里挑准没错》。

不过，"杜蕾斯"公众号的小编另辟蹊径，将选题放在大众关注的盲点——单亲妈妈上，策划了文章《母亲节其实也是父亲节》。

那么做选题，到底是选择焦点还是选择盲点呢？笔者认为，需要根据写作目的而定。如果文章的写作目的是引导消费人群购物，自然是将选题对象放在焦点上好。而如果文章的写作目的是引发网友探讨，选择盲点或许会有意外之喜。

2. 线

线指的是"时间线"，如对活动进行报道，常规的选题类型有两类：活动前预告和活动后回顾。

例如，2017 年万圣节前，"杜蕾斯"公众号发布的预告文章是《万圣节"鬼混"指南》；万圣节后，"杜蕾斯"公众号发布的回顾文章是《昨晚给女朋友万圣节惊喜的男人们，你们还好吗》。

年终选题策划，一般是写盘点文章。例如，2017年"杜蕾斯"公众号的年终选题策划为《盘点 | 2017杜蕾斯年度海报合辑》。

3. 面

在平面几何中，点代表细节，面代表整体。因此，在选题中除了考虑细节外，还可以考虑整体。

例如，大多数汽车产品的公众号，文章选题只是单一集中在汽车这个点上。反观"绝对MINI"的公众号，除了围绕产品做选题外，还开发了一系列有关"城市"的选题，做到了点和面的结合，如公众号文章《MINI在新天地的湖上打造了一个小世界，这个世界与车没多大关系》《美食图书馆，这个空间可以一次满足你N个愿望》。

五、杜蕾斯第一次是怎样追热点的

"第一次跟男生接吻应该怎么做？""你现在手机里的第一条短信是什么？""杜蕾斯"官方微博在和粉丝聊天时常抛出这类"第一次"的话题。那么杜蕾斯第一次追热点时是什么状况呢？

2011年6月23日17:20，北京又一场瓢泼大雨。中关村出租车入水，二号线地铁开始关闭，写字楼下的积水超过5厘米。

杠子是"杜蕾斯"运营组成员之一，他回忆说："当时我和同事们都被困在公司没办法回家。那天我正好穿的是新买的帆布鞋，就问怎样可以在暴雨中不弄湿鞋，然后大家各种回答。当时我们在做'杜蕾斯'官方微博的运营，办公室里有许多相关产品，就有同事说把安全套套在鞋上。大家觉得这个点子很好，我就把刚买的那双帆布鞋套上了安全套。"

在拍摄完毕后，大家开始打赌，这条微博能被转发多少次。大部分人觉得可能会到1万次，有的大胆预测能到4万次。

这时，"杜蕾斯"的客户经理担心这样的图片会对品牌造成影响，便和高层管理人员进行沟通。结果上级认为没有原则性的问题，可以一试，但需更换一种发布办法，即第一步先由杠子的私人账号"@地空导弹"发出来，看看效果，第二步再由"杜蕾斯"官方微博转发。

17:58，"@地空导弹"首发微博："北京今日暴雨，幸亏包里还有两只杜蕾斯。"不到两分钟，"@地空导弹"的这条微博已被转发了100多次。

18:00，"杜蕾斯"官方微博以"粉丝油菜花啊！大家赶紧学起来！有杜蕾斯回家不湿鞋"的评论进行转发。之后的一个小时内，运营组的同事们已经目瞪口呆，因为每分钟的转发和评论都以数百条计算，根本无暇回复。

截至 18:30，转发已经超过 1 万次，20:00 超过 3 万次，24:00 超过 58 000 次，这条内容也牢牢占据了 6 月 23 日新浪微博转发排行榜第一名的位置。

据统计，转发大号排行前 10（如"@全球热门排行榜""@我们都爱讲冷笑话"等）的粉丝总数约 1 039 万人（数据截止到 2011 年 6 月 23 日 24:00），带来的二级转发数量是 4 万多次，另外也有"@冯远征""@杜子健""@路透社"等影视明星的传播和传统媒体的参与。

那么问题来了，为什么大家都说追热点只服杜蕾斯呢？艾·里斯在《定位》一书中提出，"成为第一"是进入人的心智的捷径。在心智争夺战中，胜者往往是进入潜在顾客心智中的第一个人、第一种产品。在所有品牌中，追热点的杜蕾斯是第一家这么做的，而且每次都做得漂亮，也因此占据了粉丝和消费者的心智。

第二章

教你写标题，争夺注意力

> **摘要**
>
> 酸　同样是写文章，有人写的文章阅读量3 000次，有人写的文章阅读量10万+次。什么是差距？这就是差距。
>
> 甜　如何给文章取吸引力强的标题？写标题，到底难在哪？死磕问题，教你"标题方程式"。
>
> 苦　引流、编辑、报告、销售，离成功就差一个好标题。
>
> 辣　总结"咪蒙""六神磊磊读金庸""胡辛束"的标题套路，搞定标题既快又好。
>
> 咸　点击率、阅读量低，屡次改稿，"标题方程式"助你"咸鱼翻身"。

一、标题，一句话的力量

话剧《恋爱的犀牛》中有句台词："如果你爱一个人10分，而你只能表达出1分，还不如你爱一个人1分却表达出10分。"同理，如果你的文章内容有8分水准，而标题只有5分，那么文章内容再好，标题也会"拖后腿"。

为什么别人写的标题特别"撩人"，轻轻松松就能获得10万+次阅读量，而你写的标题只剩平淡和乏味？

相信在你身边遇到过这样的人，写的标题像钩子一样紧紧勾住读者的心，让人产生阅读的欲望。拥有这样技能的人心里知道：文案是写给读者的情书，而标题是开启这封情书的信封。当然，他们也明白图2-1所示画面的含义——水面下隐藏的冰山和浮出水面的冰山，就如同文章中正文和标题的关系。

图2-1 水面上的冰山 vs. 水面下的冰山

"广告之父"大卫·奥格威认为:"标题代表着为一则广告所花费用的80%。平均而言,标题比正文多5倍的阅读量,如果在标题里未能畅所欲言,就等于浪费了80%的广告费。"正因如此,我们值得在构思标题上花费更多的时间和精力,而这也正是笔者对文案标题做专项研究并撰写此书的初衷。

安迪·沃霍尔说过,每个人都会成为15分钟的名人。掌握标题写作方法,你写的文章、创作的歌曲、制作的视频,才有机会被更多人注意到,况且通过极简有力的一句话让陌生人留意你、引起对方的好奇,这本身就是一件很酷的事情。

我们在网络上可以看到诸多同质化的产品,如果产品的标题再一模一样,那将是多么恐怖的事情啊!对于销售人员而言,掌握标题技巧,就能更加省力地推销产品。例如,"甜过初恋"这句文案,比起甩货式的促销语,一句能抵一万句!

找工作的时候,相信你也曾受到以下这句话的影响:两份工作履历相当的简历,被通知面试的,往往是自我简介更言简意赅、一语中的的那个人;而面试时的第一句自我介绍就引起企业兴趣的人,往往获得最终录用的概率也较大。

图2-2所示的沟通漏斗图说明,要想让听众完全吸收所讲述的内容,表达者需学习相应的方法和技巧。

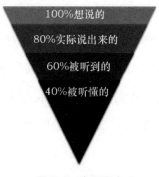

图 2-2 沟通漏斗

对于新媒体编辑而言，微博和微信是其主要运用的两种工具。我们希望像微博、微信的大 V 一样能原创有趣的段子，能写出阅读量 100 万+次的文章，获得上百万粉丝，那么把标题写好，是我们成功的第一步。

二、写标题，究竟难在哪

不少人对文案写作，尤其是标题拟定感到非常痛苦，正如柴静所说："痛苦是财富，这话是扯淡；痛苦就是痛苦，对痛苦的思考才是财富。"到底写标题的难从何来？只有先让你明白了造成自身问题的原因，才能有针对性地"对症下药"。

1. 思维习惯

我们从上小学开始到上中学，写作训练的主要形式就是写作文。以下是 2015 年北京高考作文题，每个考生要做的任务就是根据题目要求写文章。

在中华民族发展的历史长河中,从古至今有无数英雄人物:岳飞、林则徐、邓世昌、赵一曼、张自忠、黄继光、邓稼先……他们为了祖国,为了正义,不畏艰险,不怕牺牲;他们也不乏儿女情长,有和普通人一样的对美好生活的眷恋。中华英雄令人钦敬,是一代又一代华夏儿女的榜样。

请以"假如我与心中的英雄生活一天"为题,写一篇记叙文。

要求:自选一位中华英雄,展开想象,叙述你和他(她)在一起的故事,写出英雄人物的风貌和你的情感。将题目抄写在答题卡上。

《假如我与心中的英雄生活一天》就是这篇作文的题目。

同样,英语考试作文也是如此:先给出题目,再由考生写文章。

这就是我们熟知的"命题作文"。命题作文,顾名思义,就是题目是现成的,不需要我们思考,只需要乖乖写正文就可以了。

图 2-3 阐明了"命题作文"的思维模式——从标题到正文,而这种思维模式我们从上学到工作至少坚持了 10 年!

图 2-3 "命题作文"思维模式

可是在工作中，我们却遇到了以下完全不同的思维模式，如图 2-4 所示。

（1）从正文到标题，即为收集到的新闻文章撰写标题，这是网站编辑的日常工作。

（2）先策划选题，再根据选题构思形成标题和正文。

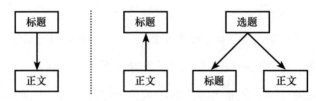

图 2-4　原有思维模式 vs. 现有思维思式

正是因为思维模式发生了改变，我们出现不适应也就在所难免了。

2. 专项训练

写标题，敲几个字就搞定的事情，难道真有这么简单吗？产出阅读量 100 万＋次的标题，与刘谦的魔术技巧、库里"变态准"的投篮技巧一样，是需要通过专项训练的。

三、标题方程式

你一定好奇，写标题有什么好方法，下面介绍笔者总结的这套标题方程式：

标题 ＝ 正能量 × 相关度 × 故事性 × 技巧

（一）标题方程式之正能量

标题 ＝ 正能量 × 相关度 × 故事性 × 技巧

学习标题方程式要素一——正能量，它又有以下两条原则。

1. 合规

合规即是合法，符合法律或发布平台规则。

为广告制作标题，一定要知道2015年9月1日起正式施行的《中华人民共和国广告法》（以下简称新《广告法》）。新《广告法》被称为史上最严格的广告法。新《广告法》加强了对宣传虚假广告的管理，其中"最值、最先进、中国第一、全网第一、顶级工艺、极致、巅峰"等词，已经被列入广告的违禁词。

知识链接

新《广告法》禁用词列举

- 与"最"有关

最、最佳、最具、最爱、最赚、最优、最优秀、最好、最大、最大程度、最高、最高级、最高档、最奢侈、最低、最低级、最低价、最底、最便宜、时尚最低价、最流行、最受欢迎、最时尚、最聚拢、最符合、最舒适、最先、最先进、最先进科学、最先进加工工艺、最先享受、最后、最后一波、最新、最新科技、最新科学

- 与"一"有关

第一、中国第一、全网第一、销量第一、排名第一、唯一、第一品牌、NO.1、TOP 1、独一无二、全国第一、一流、仅此一次（一款）、最后一波、全国某大品牌之一

- 与"级/极"有关

国家级（相关单位颁发的除外）、国家级产品、全球级、宇宙级、世界级、顶级（顶尖/尖端）、顶级工艺、顶级享受、极品、极佳（绝佳/绝对）、终极、极致

- 与"首/家/国"有关

首个、首选、独家、独家配方、全国首发、首款、全国销量冠军、国家级产品、国家（国家免检）、国家领导人、填补国内空白

- 与品牌有关

王牌、领袖品牌、世界领先、领导者、缔造者、创领品牌、领先上市、至尊、巅峰、领袖、之王、王者、冠军

- 与虚假有关

史无前例、前无古人、永久、万能、祖传、特效、无敌、

纯天然、100%
- 与欺诈有关

 （涉嫌欺诈消费者）点击领奖、恭喜获奖、全民免单、点击有惊喜、点击获取、点击转身、点击试穿、点击翻转、领取奖品、（涉嫌诱导消费者）秒杀、抢爆、再不抢就没了、不会更便宜了、错过就没机会了、万人疯抢、全民疯抢 / 抢购、卖 / 抢疯了

- 与时间有关

 （限时必须具体时间）今日、今天、几天几夜、倒计时、趁现在、就、仅限、周末、周年庆、特惠趴、购物大趴、闪购、品牌团、精品团、单品团（必须有活动日期）、（严禁使用）随时结束、随时涨价、马上降价

此外，在报纸和电视上发布新闻时，标题和正文都需要遵循媒体发布的规则，而且真实性是新闻的第一生命。

作为自媒体编辑人员，尤其要关注的是微信平台的最新规则，千万不要为了吸引眼球而炮制一些低俗的标题，否则会造成封号的严重后果。

2015年3月，《微信公众平台关于整顿发送低俗类文章行为的公告》要求对发送淫秽、色情及低俗文章的行为进行整顿，包括封号、清空内容、注销账号等。

同样，在"今日头条"上发布文章、视频、广告，也需要遵循平台规则。

（1）标题错误。

①标题不符合基本的语言规范。

标题含有错别字、不完整、多字、不通顺，会被退回修改。例如，标题"我和她的初次解逅"，将"邂"写成了"解"，会被退回修改。

②标题含特殊符号。

出现如♨、✪、√、☀、★、㊣、☎、♛、~\(≧≦)/~ 等符号，需要退回修改。例如，标题"一个得到最高勋章☀的男人"，其中含有"☀"特殊符号，会被退回修改。

③标题全部为英文等外文或含有繁体字。

例如，"The facts that you can't ignore !"，这种全部由英文组成的标题，会被退回修改。

又如，标题"愛情，不过是一张布满虱子的旗袍"，其中"愛"是繁体字，会被退回修改。

（2）标题内容问题。

①标题含特殊或敏感信息。

例如，"帝都""天朝""棒子""印度阿三"等。

②标题冒用头条名义。

例如，标题《头条收藏专题 | 文玩鸣虫葫芦收藏 小葫芦大天地》，冒用"头条"名义，会被退回修改。

③标题涉嫌不雅甚至恶俗。

④标题夸张，有以下几种类型。

故弄玄虚型：标题使用"不为人知""万万没想到"等词语，有意描述得引人好奇，但又不给出任何明确信息（人或物），正文实际内容与读者的预期有较大落差。例如，"万万没想到！这坑居然这么深……"

震惊耸动型：标题用词过于夸张，包括但不限于"吓惨了""看哭了""惊呆了""震惊了"等。例如，"惊呆了！每天吃一根黄瓜居然会这样！"

挑衅威胁型：标题使用具有挑衅、警告意味的词语诱导用户点击，包括但不限于"必须知道""不看必后悔""别怪我没提醒你看"等。例如，"这么好的小窍门你居然不知道，不看后悔！"

2. 美好

为什么美好的东西最具有传播效应又能够经受住时间的考验？

如图2-5所示，从马斯洛需求金字塔可以看出，美好的广告、文章和价值观，能够给予消费者和读者归属感、爱的需要、自我实现的需要，自然能获得大多数人的推崇和推广。

图 2-5 马斯洛的需求金字塔

对于书店里的畅销书,你注意过图书封面的题目有什么特点吗?从封面标题可以看出,它们要么是治愈、励志的,要么是温暖、启迪心智的。例如,吴晓波的《把生命浪费在美好的事物上》、东野圭吾的《解忧杂货铺》、大冰的《乖,摸摸头》和董成鹏的《在难搞的日子笑出声来》,这些畅销书标题不仅满满的正能量,更重要的是传递了积极的价值观,满足了人们自我实现的需要。

除此之外,我们来看一些经典的广告。可口可乐的广告语和标题永远带给人快乐,带给人美好,如图2-6所示。

图 2-6 可口可乐广告

正能量并非"高大上"的词，其实普通人在生活中乐观的态度、积极的情绪也是正能量。

2016年中秋节过后要连上6天班，大多数公众号的标题是以吐槽抱怨为主，偏偏"拉勾网"在9月17日的微信公众号上推送了《我爱上班，上班使我快乐》；国庆7天假后连上7天班，"咪蒙"的公众号文章标题为《不想上班，看看你的银行卡余额吧》。希望你在写出正能量标题的同时，也能做个传播正能量并对生活和工作抱有积极乐观态度的人。

（二）标题方程式之相关度

标题 ＝ 正能量 × **相关度** × 故事性 × 技巧

接着来看标题方程式要素二——相关度。

"衣锦夜行的燕公子"曾在微博上吐槽："我之前觉得怎么有天线宝宝这么蠢的动画片。后来才知道这是给1~3岁学说话的小朋友看的。同样觉得《小时代》难看，只不过因为你不是那个受众群而已。"同理，你写的文章为何没人愿意点击？你有考虑过文章和标题的受众吗？带着这个问题，具体来了解一下相关度。

相关度是标题方程式的重要元素之一，取标题和与人说话一样，需要顾及对方的感受。在取标题前，需要思考以下3点。

1. 写给谁看的

你撰写的文章和标题是写给谁看的？你的目标读者是男的还是女的？多大年龄？属于哪个阶层？他们通常会在什么场合阅读这篇文章？

2. 内容和读者有多大关联

读者和消费者想看什么或真正关心什么？文章和标题的内容与他们有多大关联，是否能匹配他们的胃口或触及他们的痛点？

3. 读者的利益点是什么

别人看了你的文章是否有物质上的收获，如奖品、折扣等，精神上的收获，如感动、快乐等？

能意识到并做好以上 3 点的人，在现实生活中也多是说话有重点、聊天能让人愉悦的人。

图 2-7 形象地说明了你想表达的内容和对方关心的内容其实是有距离的。

图 2-7　相关度低

如果你更顾及对方的感受，提前了解对方的兴趣爱好，就能在正式交谈中与对方的话题产生交集，甚至主动吸引对方，如图2-8所示，展开的是一场相关度高的谈话。而写标题和写文章也是如此。

图2-8 相关度高

例如，中国移动与淘宝针对农村市场策划的广告语如下。

中国移动手机卡，一边耕田一边打。

生活要想好，赶紧上淘宝。

下面来分析一下。首先，这两句广告语是写给谁看的，答案是写给农民朋友看的。

其次，利益点分别是什么？先来看中国移动的广告语"中国移动手机卡，一边耕田一边打"，不耽误正常的劳作，信号好，这就是利益点。而淘宝的广告语中，"生活好"是利益点。

那么，这两句广告语用如此通俗易懂的话说出消费者的心声，作者是如何考虑的呢？不难理解，是广告创作人员提前分析了目标群体的身份，再用适合的语言沟通，广告自然会产生实效。

又如，"杜蕾斯"在社交媒体的成功，离不开对消费者非凡的洞察力。图2-9所示的是"杜蕾斯"官方微博在2015年"双十一"期间发布的创意广告。

图2-9 杜蕾斯2015年"双十一"创意广告

"如果双十一来临，请打碎玻璃。"打碎玻璃是终止女人购物的唯一办法吗？我们来分析这个标题是写给谁看的。可以说该标题既是写给男性看的又是写给女性看的。广告满足了什么利益点？"双十一"期间，男性的利益点是阻止女性购物，女性的利益点是购物，彼此间产生的冲突自然就产生了话题传播。

相信大家都有这样的经历,当人失恋的时候,会觉得全天下最懂你的莫过于经典的流行歌曲,它把对方的无情、你的痴情表现得淋漓尽致。表 2-1 所示的是一些相关的流行歌曲,而这些歌曲之所以成为传唱的经典,可以说与这些词作者的洞察力分不开。你可以试着分析一下,歌词是对谁说的,听众关心什么,听众的利益点是什么,什么样的歌名最容易触动你的喜怒哀乐。

表 2-1 传唱的经典歌曲

歌名	歌手
《他不爱我》	莫文蔚
《终于等到你》	张靓颖
《太委屈》	陶晶莹
《遇见》	孙燕姿
《舍不得》	弦子
《我真的受伤了》	张学友
《那些女孩教给我的事》	品冠
《十年》	陈奕迅
《会痛的石头》	萧敬腾
《独家记忆》	陈小春

写标题的时候虽然面对的是电脑,但是这是与人而不是与电脑沟通的过程。想想在生活中女性朋友之间会聊些什么?大多是星座、八卦、电影、家庭。男性朋友爱谈什么?大多是工作、房、车、体育。因此,我们在写文章和标题的时候,要思

考哪些内容与读者的关联度最高,并用令对方舒适的表达方式去沟通。

韩寒主编的系列图书有《很高兴见到你》《去你家玩好吗》《想得美》。为什么这些标题要采用社交风格的创意?原因当然是有利于粉丝在网络上形成话题传播。

图 2-10　韩寒主编系列图书

你有过这样的感受吗?大多数人对国内新闻的关注热度要高于国际新闻,而对于身边的事物如油价、房价、菜价、堵车等,其敏感程度明显高于其他地方。"柴静雾霾调查事件"大家都知道吧?为什么短时间内就获得了如此高的关注度?从"环境威力法则"来看,雾霾问题与全国13亿多人的生活息息相关,强相关度自然引发高传播。

"广告之父"大卫·奥格威曾经说过:"若你想要做母亲的人读你的广告,那么在你的标题里就要有'母亲'这个字眼。"大卫·奥格威的著作《一个广告人的自白》、话剧《生女郎》、图书《普通人的制胜之道:格局逆袭》都是聚焦目标读者、跟目标读者有强相关度的例子。

"六神磊磊读金庸"公众号的主理人王晓磊接了一个手表广告，恰逢第二天就是七夕情人节，他最初想到的题目是《金庸世界的四种最美的爱情》，预估阅读量有 10 万+次，但后来感觉标题还差点意思，于是将标题改为《世上最美的爱情，金庸四个故事就写尽了》。文章推送后，阅读量超过了 60 万次。最初的标题或许只有金庸迷爱看，但修改后的标题受众面得以扩大。

"胡辛束"公众号的一篇文章《太过独立的女孩，活该没有男朋友》，阅读量 20 多万次。为什么这篇文章会受欢迎，胡辛束自己分析说："题目是最重要的，女粉丝转发到朋友圈，首先说明自己没有男朋友，相当于一条信息、一枝橄榄枝，我现在没有男朋友，可以来找我，这是女孩儿含蓄表达自己的一种方式。"

"咪蒙"公众号主理人马凌在《如何写出阅读量 100 万+的微信爆款文章》中公开了写作秘诀。

马凌的第一个秘诀是，你的文章与"我"有关。马凌写道：我们必须找到想写的东西与大众的关联，由此你必须站在读者的角度去思考问题。从标题开始，把核心问题落实到与读者的关联上。一个最简单的技巧，在标题上多用"你""我"及"我们"，文章与读者的距离就被不断拉近了。"

例如"咪蒙"的文章标题：

《你是什么人,就会遇见什么样的人》

《我们为什么要努力赚钱》

又如,马凌曾拍了部网络喜剧《颤抖吧!朋友圈》。在这个围绕朋友圈的剧本里,她发起很多会让网友有共鸣的话题,如"当我们点赞的时候,我们在想些什么""如果朋友圈有一个测谎仪,你会说什么""我们的朋友圈与 PS 人生"。

再如一些畅销书的书名,如表 2-2 所示。

表 2-2　畅销书书名

书名	作者
《从你的全世界路过》	张嘉佳
《就喜欢你看不惯我又干不掉我的样子》	白茶
《1988:我想和这个世界谈谈》	韩寒
《你的孤独,虽败犹荣》	刘同
《当我跑步时我谈些什么》	村上春树

此外还有热门电影的片名,例如:

《我不是潘金莲》

《睡在我上铺的兄弟》

《那些年我们一起追的女孩》

《我的滑板鞋》是 2014 年网上广为流传的一首歌,现在来看这个标题,这位叫庞麦郎的少年将自己心底的梦想寄托在滑板鞋上,以"我的滑板鞋"直接命名,既接地气,相关度又高。

马凌的第二个秘诀是,你的文章对"我"有用。马凌说:

"你最好能写点技术流的东西,如你在哪个领域有深厚的积累,你对哪种现象有深厚的研究。其实文章写的就是见识、阅历和积累。"例如,"咪蒙"的这些干货文章:

《所谓情商高,就是懂得好好说话》

《农民进城防骗手册》

《怎样唱好周杰伦的歌曲》

在公众号上发布文章,因为考虑到用户都使用微信,如果标题与"微信"相关,针对性就会很强。"豌豆荚"公众号在用户第一次关注后,会在自动回复中链接一篇文章《微信10个不为人知的小技巧》,既是给粉丝的福利,又能刺激粉丝分享和收藏文章。

标题与"微信"相关的例子如表2-3所示。

表2-3 标题与微信相关的例子

文章	公众号
《我是如何做到朋友圈点赞数每个都200+的?》	互联网的那点事
《如果微信早出现了20年,那时候朋友圈多半是这样的……》	李伯清
《来路无可眷恋,值得期待的只有远方——最适合发朋友圈的50条动画截图》	拉勾网
《朋友圈爆火的这些偶像,是如何收获崇拜的?》	李叫兽
《在微信上熬制"情感鸡汤",她如何抓住用户的心?》	微信公开课

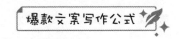

(三)标题方程式之故事性

标题 ＝ 正能量 × 相关度 × 故事性 × 技巧

再来看标题方程式要素三——故事性。

缺乏故事性的标题带给人的体验犹如乏味地在一条风景不变的公路上驾驶。正如"文似看山不喜平",有故事性的标题就像疯狂的沪深指数一样,其瞬间的戏剧性变化牵动着人的心,调动着人的情绪。

好的标题撰写者就像一名好莱坞电影编剧。故事性的标题可以分为剧情式故事性标题和悬疑式故事性标题两种。

1. 剧情式故事性标题

(1) 剧情式故事性标题第一种情况:在事件人物、事件时间、事件地点及事件上寻找爆点。

2015年12月17日,奇虎360董事长周鸿祎在第二届互联网大会上睡着了,而坐在一旁的小米CEO(首席执行官)雷军意味深长地看了周鸿祎一眼。

以上事件中,首先人物有爆点,普通人在开会时睡觉不具有爆点,但是奇虎360董事长周鸿祎在大会上睡觉就具有爆点。

其次,小米CEO雷军看了周鸿祎一眼这一举动,就构成了连环爆点事件,所以在互联网大会第二天,网上就出现了表2-4中有趣的标题。

表 2-4　有关大人物的有趣标题

新闻	媒体
《周鸿祎：雷军看我睡觉 醒来世界变了》	中关村在线
《周鸿祎自嘲：雷军看着我睡觉，我就"网红"了》	新浪新闻

2015 年 11 月 21 日，亚冠决赛在广州天河体育中心打响，恒大主席许家印、阿里主席马云现场观战。

以上事件中，恒大主席许家印和阿里主席马云是重要人物，亚冠决赛第二回合是重要时间，马云和许家印同时出现在球场再次升级了事件的重要性。第二天，各大媒体的新闻标题自然爆点多多，如表 2-5 所示。

表 2-5　新闻标题

新闻	媒体
《从马云表情看恒大进球瞬间》	新蓝网
《许家印、马云、蔡振华观战恒大亚冠决赛》	网易体育

在这里需要提醒新闻工作者，重要人物、重要时间、重要地点、重要事件都是读者关注的兴趣点，在为此类新闻事件撰写标题时，千万别漏掉爆点元素。

（2）剧情式故事性标题第二种情况：在事件的人物、时间、地点、行为上产生逻辑不一致。请看下面的标题。

《女子学车 14 年仍没拿到驾照 驾校校长请客为其送别》

点评："学车 14 年"和"没拿到驾照"构成逻辑不一致，"学员没学会车"和"校长反而请客"再次构成逻辑不一致，读后让人很有喜感。

《男子怕漂亮女友被抢 将她从100斤养到180斤》

点评:"100斤"和"180斤"形成冲突,增重结果和增重原因不符合一般人的逻辑,最终形成如此啼笑皆非的标题。

(3)剧情式故事性标题第三种情况:事件在人物、时间、地点上既存在爆点,又构成冲突。

经济学家王福重老师发表了《雾霾是生活幸福的标志》的文章,可以想象这篇文章在网络上会引起怎样的轩然大波。从标题来看,这个观点当然违背常识,构成逻辑冲突。一个普通人说这样的话都匪夷所思,何况堂堂一位经济学家?不过,只要你读完全文,就会发现王福重老师想表达的观点是消灭雾霾代价太大。王福重老师的标题风格:先抛出看似挑战常识的观点,再自圆其说。

"咪蒙"有一篇微信爆款文章《我是如何成功地把一家公司开垮的》,"成功"和"开垮"构成了逻辑不一致,堂堂自媒体大V"咪蒙"主理人竟有这样一段惨淡的创业史,吊足了读者的胃口。"标题中自带矛盾,会创造一种好奇",这是"咪蒙"撰写剧情式故事性标题的经验,而这类标题"咪蒙"还策划了很多,例如:

《我,一个矮子的史诗》

《作为老板,今天我又哭着下班了》

《如何把大牌穿成地摊货?》

《如何在吃喝玩乐中寻找新闻选题》

2. 悬疑式故事性标题

电影预告片、美剧每集结尾都会留下悬念让观众翘首以盼，而悬疑式标题会创造一种好奇。悬疑式故事性标题的第一种情况是：话只说一半，且多用省略号结尾，如表2-6所示。

表2-6 省略号结尾的标题

文章	公众号
《父母反对早恋，于是……》	张佳玮
《惊人！〈权力的游戏〉的原著竟然是……》	权力的游戏
《让基本款变得有趣时髦的秘诀是……》	黎贝卡的异想世界

悬疑式故事性标题的第二种情况称为"马赛克式"。例如，表2-7中第一个标题中的"他"、第二个标题中的"一个人"、第三个标题中的"三个字"、第四个标题中的"什么"，就像一块欲盖弥彰的"马赛克"。

表2-7 "马赛克式"标题

文章	公众号
《他是NBA历史最牛临时工 性感女神主动求约会》	腾讯NBA
《俱乐部球荒国家队发威，穆勒要感谢一个人》	德甲张力
《对方正在输入三个字……》	可口可乐
《冯小刚：在这个岁数什么让我真正兴奋》	腾讯视频

此外，"王左中右"的"马赛克式"标题有：

《西游记里我最佩服的菩萨》

《一个比薛之谦还大张伟的古代段子手》

《我终于知道陶渊明说的那个桃花源在哪里了》

《一个字概括本届奥斯卡》

"黎贝卡的异想世界"的"马赛克式"标题有：

《小众品牌那么多，为什么这三个最火》

《春装外套怎么挑，记住一个字就够了》

《她们说：大胸妹这样选内衣会显瘦！》

《这条裙子根本不挑人，不信去试试》

《实用第一名的凉鞋，有这么多舒适美貌的选择》

"胡辛束"的"马赛克式"标题有：

《别着急睡，我有个秘密要告诉你》

《告白之前，你需要做好这些准备！》

《什么样的女人能够收获完美爱情？》

《我屏蔽你朋友圈那是有原因的！》

"六神磊磊读金庸"的"马赛克式"标题有：

《〈笑傲江湖〉里，这七句话让人爽得想喝酒》

《金庸小说里把人骗得最惨的14句话》

《黄药师：后半生，我就只研究这一套武功》

《周芷若一针见血的六句神预言》

（四）标题方程式之技巧

标题 = 正能量 × 相关度 × 故事性 × 技巧

标题方程式要素四——技巧，分为以下14种。

1. 短

"There's less of it, but no less to it."——这是 iPad mini 的英文文案，中国大陆、中国香港和中国台湾分别给出了对应的中文翻译："减小，却不减少""小了，但没少了""简而未减"。中文翻译不仅做到了"信、达、雅"，而且短文案传达了产品极简的设计风格。

"至繁归于至简"被乔布斯用作苹果的设计理念："简单之所以比复杂更难，是因为你必须努力地清空你的大脑，让它变得简单。但这种努力最终被证实为有价值，因为你一旦进入那种境界，便可以撼动大山。"而短标题与长标题相比，更有利于突出重点、展现力度，读者的印象和记忆才会更深刻。

与 iPad mini 的产品类似，宝马 MINI 的微信公众号标题的"短"和文案的"小"也体现出产品的精致，如：

《大儿童，要玩大的！》

《小世界，大惊奇。》

《"小"MINI 的外交"大任"》

如果产品本身就是"精致的、短的"，那么短文案就会带来惊喜。

想一想，你读过哪些印象深刻的书？是不是能想起的书名都是简单易记的？

书名只有两个字，如表 2-8 所示。

表 2-8　两个字的书名

书名	作者
《看见》	柴静
《皮囊》	蔡崇达
《围城》	钱钟书
《活着》	余华
《呐喊》	鲁迅

书名只有一个字，如表 2-9 所示。

表 2-9　一个字的书名

书名	作者
《赢》	杰克·韦尔奇
《蛙》	莫言
《家》	巴金
《春》	巴金
《秋》	巴金

想一想，有哪些让你印象深刻的歌曲？

《山丘》荣获第25届流行音乐"最佳年度歌曲奖"和"最佳单曲奖"。谈起这首歌，李宗盛说："这首歌是我10年生活经历的交换，就是回顾一下自己的音乐路。也希望通过歌词传递出的意境，勾起人生同样翻过一个又一个山丘的同龄人的共鸣。最后我也想用过来人的身份告诉年轻的朋友，对待生活要知足常乐、珍惜当下。"据说李宗盛创作这首歌花了10年时间，10年当中他对歌名一定有过反复推敲，但最终却用了短短的一个词"山丘"来概括作品。细思妙极,难怪有人评价李宗盛才是"华语第一文案"。

为了便于理解"短"标题的魅力,下面再来看一组广告。

OPPO 手机的广告文案——"充电 5 分钟,通话 2 小时",10 个字,很短。

农夫山泉的广告文案——"我们只是大自然的搬运工",11 个字,同样很短。

香飘飘的广告文案——"小饿小困,喝点香飘飘",9 个字,很短。

王老吉的广告文案——"怕上火,喝王老吉",7 个字,更短。

哈尔滨啤酒的广告文案——"一起哈啤",4 个字,极短。

我们看过了传统广告文案,再来看新媒体文案标题。

早在 2010 年 10 月 1 日,故宫为了售卖文创产品,在淘宝网开了店,并在 2013 年 9 月玩起了新媒体,注册了"故宫淘宝"的微信公众账号。早期的"故宫淘宝"公众号只是正儿八经地发一些故宫科普知识,产品也很普通。从 2015 年 1 月开始,"故宫淘宝"在产品的设计上紧跟热点,连推广文案也变得奇葩,例如:

《朕要给你一个惊喜》

《故宫里的猫》

《后宫红颜——珍妃》

《雍正:感觉自己"萌萌哒"》

图 2-11 所示为"故宫淘宝"亮相淘宝造物节。

图 2-11 "故宫淘宝"亮相淘宝造物节

"故宫淘宝""短"标题的妙处在于,一是自古以来"短"就是标题的传统,二是剧情式故事性标题引发了喜剧效果。

英国曾举办过一次微小说大赛,规定只允许使用6个单词,下面来体会它们"短"的魅力。

Introduced myself to mother again today.

今天我又一次向妈妈介绍了自己。

Jumped. Then I changed my mind.

纵身一跃后,我改变了主意。

First heartbreak. Nineteen years wishing.

第一次心碎。十九年怀念。

Painfully, he changed "is" to "was".

可悲的是,他把"是"变成了"曾是"。

第二章 教你写标题，争夺注意力

Married. Till fatness do us part.

结婚了。直到发胖将我们分离。

Cancer. Only three months left. Pregnant.

癌症。仅余三个月生命。我怀孕了。

She's his love; he's her wallet.

她是他的挚爱；他是她的取款机。

They lived happily ever after. Separately.

从此他们过上了幸福的生活。各自。

Strangers. Friends. Best friends. Lovers. Strangers.

陌路。朋友。挚友。爱人。陌路。

Two wives, one funeral. No tears.

他的葬礼，两任妻子。无人流泪。

Tow lovers. One parachute. No survivors.

一对情侣。一把降落伞。无人生存。

Found true love. Married someone else.

遇到过真爱。嫁给了别人。

Met soulmate. Also met soulmate's wife.

遇到了灵魂伴侣。他是有妇之夫。

I met my soulmate. She didn't.

我遇到了我的那个她。但她没有。

"Sorry, soldier, shoes sold in pairs."

"对不起，士兵，我们的鞋子是按双出售的。"

Birth certificate. Death certificate. One pen.

出生证明。死亡证明。同一支笔写完。

2. 提问

"咪蒙"公众号主理人马凌的心得:"我们生活中潜藏着好奇,很多问题我们自己就有困惑,但没有找到确切的答案,看到有人写了,自然会点开看。"马凌自己写过的此类标题有:

《和好朋友渐行渐远,是什么感觉?》

《我们为什么需要新年?》

《从什么时候开始,你觉得自己老了?》

《什么样的男人最让人有安全感?》

《亲人去世了,该怎么走出阴影?》

"顾爷"公众号招募内容编辑,第一条要求是:关注新事物,爱问"为什么",并擅长自己寻找答案。"顾爷"公众号上的"提问式"标题有:

《蒙娜丽莎在笑啥》

《莫奈真的很有品吗?》

《凡·高为什么要自杀》

《神话——世界的开始是什么样子的?》

《他为什么举着一颗头?》

《我们为什么要发朋友圈?》

《我们为什么要办奥运？》

大卫·奥格威为治疗脱发的羊毛脂而做的广告就用了"提问式"标题——"你见过不长毛的羊吗？"这个广告是大卫本人最喜欢的广告之一。

TED 总教头 Chris Anderson 教授发现成功的演讲都要遵循 4 个原则，其中之一是"给听众一个需要关注的理由。如果你想在听众的脑海里建造高楼大厦，你必须先得到他们的进入许可，关键是激发观众的好奇心，利用一些引人入胜、发人深省的问题，来发现一些不合情理、需要解释的东西。如果你可以揭示某些人世界观中还未建立的联系，他们就会觉得有必要补上这部分知识。当你成功激发了他们的欲望，再开始打造观点就会容易很多"。

TED 演讲中的"提问式"标题有：

《学校扼杀了创意吗？》

《卓越的领导者如何激励他人采取行动？》

《我们为什么会快乐？》

知乎上的"提问式"标题有：

《22:00-6:00 睡眠真的比 2:00-10:00 更健康吗？》

《怎样做好吃的西班牙海鲜饭？》

《如何甄别一条网络消息的真假？》

《有哪些不合理的家居设计要避开？》

《为什么刷朋友圈让人"着迷又焦虑"？》

《姜文是怎样的一个导演？》

很多微信公众号都用"提问式"标题以吸引相关人群点击，如表 2-10 所示。

表 2-10 "提问式"标题

文章	公众号
《如何讲好一个故事》	罗永浩
《为什么你会写自嗨型文案？》	李叫兽
《甲方和乙方的关系该是如何的？》	金鹏远
《什么叫"不会聊天"》	顶尖文案
《年轻人要奋斗多少年才能在北京买房？》	文案摇滚帮

如何"正确地提问"，考虑相关度很重要，如下面这两个标题：

《如何看懂一场艺术展览？》

《不懂艺术的人去艺术展，应该做什么？》

第二个标题就比第一个标题更能让读者对号入座。

3. 设问

"设问式"标题形式为自问自答。除了提问要有技巧外，设置令人意外的回答更能让读者有进一步了解的兴趣。例如，"咪蒙"写的"设问式"标题有：

《减肥对外貌改变有多大？比整容还猛啊！》

《女人好好打扮就是为了取悦男人？瞎扯！》

而"虎扑体育"写的"设问式"标题《"火箭赢了吗?""赢了,姚明 20+10"》是否使你回想起姚明还在火箭队的时光?而那时错过直播的你是否也是这样向人打听的?

大师级人物——伍迪·艾伦也有这样的设问式语句,例如:

我们能够确切地了解宇宙吗?我的天呐,能在唐人街不迷路就够不易的了。

爱人和被人爱哪样更好?都不好,如果你的胆固醇值超过 600 的话。

4. 有力观点

写出好文章最重要的是什么?笔者认为最重要的是观点,你要能提供新的观点、新的视角。

有力的观点为什么能引起人们的注意?也许你能从《伟大演讲的奥秘》分享的观点中找到答案:

你作为演讲者的首要任务,是向听众传递一份与众不同的礼物,一种美丽而不寻常的东西,我们称为"想法"。

这种想法是一种信息模式,帮助你理解世界、遨游世界。想法有各种形状、各种大小,从复杂的、需要分析思考的,到简单的、富有美感的。

你的大脑里装满了各种想法,它们并非杂乱无章,而是有机相连,共同构成一种奇妙的复杂结构,这就是你的个人世界观。

你的个人世界观,就是你大脑的操作系统,决定你如何观察世界,它正是基于你脑海中数百万个独立的想法。

那些构成世界观的观点如此至关重要,这些观点要尽量可靠——像一个向导,带你走进既危机四伏又精彩绝伦的真实世界。

不同的人可能拥有截然不同的世界观,针对同一个问题,无论你如何回答,总有上百万人和你有不一样的反应。

这就是为什么想法很重要,如果沟通恰当,它们可以从此改变一些人看待世界的方式,塑造他们的行为,改变他们现在及将来的行为。

想法是缔造人类文化的最重要力量,所以作为一个演讲者的首要任务,就是在听众的心里种下一个想法。

除此之外,《伟大演讲的奥秘》还建议在演讲中只传递一个主要思想,其实写标题也是如此:

首先,只传递一个主要思想。想法是个很复杂的东西,你要对你的内容做减法,突出重点,只关注一个主要思想,也就是你最富有热情的观点,利用机会,好好地阐述它。你要给出内容、分享案例、生动阐述,所以找一个观点,将它作为贯穿你整个演讲的主线。这样,你讲的所有内容都可以回到这一点。

5. 俚语改编

什么是"俚语改编式"的标题？看了以下案例你就会明白。

《钢铁是怎样炼成的》，这是一本苏联名著，这句话被不少编辑改编，如表2-11所示。

表2-11 俚语改编

文章	公众号
《上海逃饭女的假新闻是怎样炼成的？》	刺猬公社
《有关科比的故事：训练狂魔是如何炼成的》	咕咚网
《女神一号是如何炼成的》	冯唐

冯唐写过一句文案"春风十里不如你"，"顶尖文案"微信公众号上一篇文章的标题对此做了幽默加工：《春风十里，不如你的胡须》；"阿芙精油"公众号上一篇文章标题也以此做了改编：《【新品预售】春风十里，不如买一送一》；大麦网在宣传李健的演唱会时，文章标题为《【李健预售时间公开】春风十里不如"李"》。

"臣妾做不到啊"是电视剧《甄嬛传》里的台词，"可口可乐"微信公众号上有一篇文章的标题是《这些"真心话"，臣妾不敢说啊！》。

《大话西游》里紫霞仙子的经典台词"我猜中了开头，可是我猜不到这结局"，被"可口可乐"公众号的编辑做了改编：《也许你能猜到开头，却万万猜不到结尾！》。

"HOLD住姐一秒变格格"娱乐事件,也时常被编辑引用。例如"今日头条"上的文章标题:《女人穿这些高跟鞋一秒变女神》;"美图手机"公众号的标题:《美图手机开学福利,让你一秒变校花!》。

"妈妈再也不用担心我的学习"这句话也时常被编辑改编。例如"腾讯新闻"的文章标题:《原来修眉画眉这么简单!妈妈再也不用担心我手残了》。

表2-12中的这些标题,你猜猜改编自哪句俚语?

表2-12 看标题猜俚语

文章	公众号
《有生之年能遇见你 竟用光我所有App》	豌豆荚
《长得漂亮是优势,拍得漂亮是本事!》	美图手机
《你若盛开 水逆不来》	衣锦夜行的燕公子
《我有套,你有故事吗?》	杜蕾斯

6. 追热点

谈及做新媒体的经验,"王左中右"公众号主理人王国培的秘诀是:"一是凑热点,如电影《美人鱼》火就围绕《美人鱼》思考;二是凑超级IP,搜罗各种历史上的名人或名著,如《西游记》就是个超级IP,然后找这些热点事物里大众还不熟悉的点,找出一个与大众想象中不一样的逻辑进行写作。"

节假日是热点,国庆假日第7天,官方微博和大V这样追热点。例如杜蕾斯官方微博上的文章标题:《【假期余额不足】直男必懂的旅行箱打包术》;"VICE"公众号上的文章标题:《卧床马拉松:醉后早餐》。

7. 盘点

"盘点式"标题为什么吸引人?因为网络上的信息都是碎片化的,如果经过细心整理汇集成一篇盘点文章,如表 2-13 所示。试问,这样的文章谁不愿意读?

表 2-13　盘点式文章标题

文章	公众号
《TOPYS 2015 年度盘点之十大最热文章》	顶尖文案
《2015 年最全杜蕾斯微博文案合集没有之一》	杜蕾斯
《致敬 | 无印良品十二年广告文案回顾》	菠萝汽水
《今年的网络流行语都在这里了》	优酷
《TOP 10 十大现役及退役盘带大师》	天下足球

在 NBA 每个赛季开始前,篮球评论员张佳玮撰写的前瞻文章"30 天 30 队系列",有料又有趣,例如:

《30 天 30 队:2015-2016 季,金州勇士》

《30 天 30 队:2015-2016 季,洛杉矶湖人》

《30 天 30 队:2015-2016 季,圣安东尼奥马刺》

去哪里玩,在哪里吃,如何打发无聊时间,洞察到这一点,"盘点式"标题被美食、生活类编辑屡试不爽,如表 2-14 所示。

表 2-14　美食、生活类盘点式文章标题

文章	公众号
《这可能是成都最棒的外卖指南，拯救正在宅的你》	成都范儿
《2015 年成都苍蝇馆子 50 强完整典藏版》	成都商报
《年度 App 榜中榜，来看看哪些应用横扫各大榜单》	最美应用

8. 数字

写工作总结、融资计划书时有一个经验：数据说明一切！为何我们不能在标题拟定中利用好这个技巧？

"数字式"标题的作用有以下几点。

（1）便于读者自行补脑，如表 2-15 所示。

表 2-15　"数字式"标题（1）

文章	公众号
《看了这条微信，你就等于花 500 万去了一次意大利》	顾爷
《一个人一生将经历 4 200 次性行为》	杜蕾斯

（2）形成鲜明对比，如表 2-16 所示。

表 2-16　"数字式"标题（2）

文章	公众号
《他们只有 20 个人，但搞定了 2 000 万个用户》	36 氪
《爱情的生命只有 2.6 年，热恋期平均只有 100 天》	杜蕾斯

"新世相"的"数字式"标题体现了"有调查才有发言权"，例如：

《"我妈说：少带点，你不打算回来了吗？"｜我们收集

了 2 000 次离别》

《你的名字里,有你爱过的人和分过的手 | 1 600 个名字和它们背后的故事》

《我参与过 100 多段离婚后,试着告诉你分手最开始的样子》

(3)能让产品或活动给人"看起来很厉害的样子",如表 2-17 所示。

表 2-17 "数字式"标题(3)

文章	公众号
《看万科如何用一面围挡,撬动 10 万+传播》	房地产广告精选
《如何写出阅读量 100 万+的微信爆款文章?》	咪蒙
《1 天 20 万次用户互动"虎扑看球"没花 1 分钱是怎么做到的……》	万能的大叔

(4)强调"省时简单",如表 2-18 所示。

表 2-18 "数字式"标题(4)

文章	公众号
《美国大选,3 分钟看懂希拉里 vs. 特朗普两度"互撕"》	腾讯新闻
《一张图带你看懂史上最严网约车新政》	搜狐财经
《10 分钟学会简笔画》	网易云课堂
《如何在 3 秒内让喜欢的人通过你的好友申请?》	杜蕾斯

"胡辛束"微博插画《我心中的 10% 先生》,其标题就是"数字式"标题。"胡辛束"如此诠释心目中的"10% 先生":

"我心里住着个 10% 先生,他看起来大概比我高 10%,我 20 多岁遇见他时他的年龄也恰好大我 10%,他的薪水比我丰厚的不止 10%,饭量更是盖过我不止 10%,他的知识面永远比我多覆盖 10%,连人际圈子都比我广泛 10%……愿我们都能找到自己的 10% 先生。""胡辛束"公众号引导的关注文案也是"数字式",如"全世界只有不到 3% 的人关注了胡辛束,你真是个特别的人"。

9. 欲拒还迎

"顾爷"公众号主理人顾孟劼在《小顾聊神话》中写道:"宙斯将这个超级生化武器交给潘多拉的同时,还给了她一个忠告:'千万别打开!'要知道,这世界上所有的童话、神话、寓言故事里,只要你看见'千万别某',那就等于'肯定会被某'。这句话的诱惑力之强,堪比世界上任何一种毒品!宙斯明显是个深谙心理学的领导。这就是好奇心,这就是心理暗示的力量!"

"欲拒还迎式"标题就像"潘多拉的魔盒",例如:

《【深夜福利】吃饱的千万别点!》

《千万别用百度搜索这些词,会被吓到》

《千万别点开,否则你会忍不住重新装修你的房子》

10. 不做后悔

"给我们寄钱来,我们给您治痔疮;要不就留着您的钱,也留着您的痔疮。"这是"广告之父"大卫·奥格威"不做后悔式"的文案。在我们生活中,也有不少"不做后悔式"文案,如"不到长城非好汉"。

"不做后悔式"标题的案例如表 2-19 所示。

表 2-19 "不做后悔式"标题

文章	公众号
《50 部一生不得不看的经典电影》	豆瓣
《吴晓波研究腾讯 6 年,现在用 1 天时间讲清,要听吗?》	吴晓波频道
《让你少奋斗 30 年!2016 年不得不看的理财捷径》	吴晓波频道
"没读过这本书,别说你懂爱情"	图书《傲慢与偏见》的推荐语

"胡辛束"公众号上"不做后悔式"标题的案例有:

《我劝你早点儿喜欢我,免得浪费时间》

《快来啊,这儿有一段未被签收的爱情!》

11. 承诺

男人在追求女人时爱给承诺,做传播也是如此,正如"广告之父"大卫·奥格威所说:"成功的关键在于允诺给消费者好处——诸如更好的味道、清洗得更白、每一加仑可以多跑些路、肤色更好等。"

"承诺式"广告语如表 2-20 所示。

表 2-20 "承诺式"广告语

公众号	广告语
京东	多快好省
RIO 鸡尾酒	RIO 在,超自在
华硕	华硕品质,坚如磐石
益达无糖口香糖	关爱牙齿,更关心你!
滴滴出行	滴滴一下,马上出发
王老吉	怕上火,喝王老吉
英孚教育	英语有多好,社交圈就有多大

"黎贝卡的异想世界"的"承诺式"标题有:

《跟她学会这六招,周一包你时髦优雅去上班》

《这三件 T 恤,承包你一整个夏天的活力》

《学好这一课,跑步进入拍照达人行列》

《有了这款气垫霜,轻松画出完美裸妆》

12. 押韵

广告语押韵案例如表 2-21 所示。

表 2-21 押韵广告语

公众号	广告语
人头马	人头马一开,好事自然来
康师傅	康师傅方便面,好吃看得见
维维豆奶	维维豆奶,欢乐开怀
戴·比尔斯	钻石恒久远,一颗永流传
三洋空调	家有三洋,冬暖夏凉
大宝	要想皮肤好,早晚用大宝

新媒体标题押韵案例如表 2-22 所示。

表 2-22 新媒体标题押韵案例

文章	公众号
《郭靖与华筝十年，不如与黄蓉的一天》	张佳玮
《早秋穿得好，脱单脱得早！》	胡辛束
《说服力不够，群体来凑》	李叫兽

13. 对应

前后对应的标题如表 2-23 所示。

表 2-23 前后对应的标题

文章	公众号
《人只要动心了，就会变得贪心》	胡辛束
《命运让我们当不成少爷，能不能当一回少侠？》	六神磊磊读金庸
《骑士有底，绿军有戏》	杨毅侃球

14. 藏在正文中

人头马的广告语创作有这样一个故事：文案作者绞尽脑汁，前后写了近百条广告语给创意总监却都被否决（文案作者当时的内心一定是崩溃的）。在临近提案的前一天晚上他又写了10条广告语，文案总监从中惊喜地发现了这条："人头马一开，好事自然来。"最终此广告语也获得了客户的认可，并成为广告行业的经典案例之一。

这个案例告诉我们，如果你绞尽脑汁还是想不出标题，那么可行的办法有两个：一是让"老司机"帮你看看，二是擦亮眼睛再通读全文，或许文中的某句话就能作为好标题。

（五）标题方程式之乘法法则

标题 = 正能量 × 相关度 × 故事性 × 技巧

你有没有思考过，连接方程式 4 个要素的符号，为什么不是加号而是乘号？

标题方程式的结果有以下 3 种情况，如图 2-12 所示。

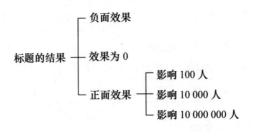

图 2-12　标题方程式结果

（1）**负面效果**，标题之所以产生负面效果，是因为在"正能量"这一要素上出了问题，表现为不合规和低俗，后果相当严重。以微信公众平台为例，文章抄袭侵权、含有低俗色情内容、以奖品诱导用户在朋友圈集赞、发布新年签运气签等签类测试、在朋友圈发布拆礼品的游戏等，都会面临被删帖、被封号的严重后果。

（2）**效果为 0**，是在"相关度"这一要素上出了问题，就像找错了聊天对象,话不投机半句多!效果为0的标题,最典型的例子是朋友圈的微商文案。

(3)正面效果,其影响力大小取决于"故事性"和"技巧"两个要素。

下面来看为同一个产品写标题,普通文案和高级文案的差距。

为凉茶做广告:

普通文案的标题——清火气,养元气,做人要大气;

高级文案的标题——怕上火,喝王老吉。(图2-13)

图2-13 凉茶广告

为小汽车做广告:

普通文案的标题——伴我闯荡,助我翱翔,实现梦想;

高级文案的标题——想想小的好处。(图2-14)

图 2-14　甲壳虫广告

为塑颜产品做广告：

普通文案的标题——重塑年轻，闪亮生活；

高级文案的标题——只要笑容，不要笑纹。

为速冻饺子做广告：

普通文案的标题——怎么精致都不过分；

高级文案的标题——吃点好的，很有必要。（图 2-15）

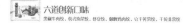

图 2-15 速冻饺子广告

时尚编辑策划购物选题：

普通文案的标题——《10 款奢侈品包包　冬天凹造型就靠它》；

高级文案的标题——《过年唠瑟指南，包你满意》。

什么是差距？这就是差距。

四、写标题的正确方式和日常练习方法

单手托腮、双手捂脸、45 度角仰望天空，哪一种才是写标题的正确方式？

答案：都不是。

咖啡馆、书房、路边，写作的最佳场所是哪一个？

答案：全都不重要。

大多数人写标题依赖临场发挥。临场发挥的问题是，在有限的时间内要拿出满意的成绩——这，现实吗？

前美国总统林肯曾经说过："如果我有 8 小时的时间砍一棵树，我会花 6 小时磨利自己的斧头。"为了让写标题不再头疼，除了要掌握好"标题方程式"外，还应遵循以下 3 步。

（1）写作前：要熟知标题方程式，翻看标题库。

（2）写作中：写 2~3 个标题。

（3）发布前：标题测试。

为什么要在发布前对标题进行测试？因为标题是否吸引人直接决定文章的阅读率。例如，"咪蒙"团队建立了一个亲友群，群里有 30 个"咪蒙"的铁杆粉丝。每次有争议时，他们都会把标题复制到亲友群里让大家投票。

受此启发，佩弦文案课堂也提供"标题测试"服务，学员在购买课程后还可以进入学习 QQ 群，可以写 2~3 个标题，使用 QQ 群的【群投票】功能发到群里让其他学员投票。

如果想提高写标题的技巧，建议平时练习时做好以下 4 点。

1. 多看

"操千曲而后晓声，观千剑而后识器""熟读唐诗三百首，不会作诗也会吟"说的都是这个道理。

2. 多问

多与消费者沟通，多与读者互动。

3. 建立标题库

你的标题库可以是准备的一个小本子，也可以是电子版的文档。

4. 总结

总结规律，做专项研究。

美剧《马男波杰克》中关于坚持跑步有句很经典的台词："会变容易的，每天都会容易一点点。你得每天都坚持跑，这才是最难的部分，但是却会让跑步变容易。"其实标题练习也是如此。

五、在吃喝玩乐中学写标题

（一）跟微博段子手学写标题

这里讲到的微博段子手，他的微博昵称为"点开全文君"。

他的微博签名独具个性：有一种凌乱叫"点开全文君"。那么我们就一起来"凌乱"一下吧。

（1）原微博点开前如图 2-16 所示。

图 2-16 点开前（一）

点开全文后如图 2-17 所示。

图 2-17 点开后（一）

第二章　教你写标题，争夺注意力

（2）原微博点开前如图 2-18 所示。

图 2-18　点开前（二）

点开全文后如图 2-19 所示。

图 2-19　点开后（二）

通过"点开全文君"的微博内容，我们能学到的技巧有以下3点。

第一，"点开全文君"机智地将"包袱"藏在一张图中，要诱导人们点开图，体现了"标题：一句话的力量"。

第二，"点开全文君"的段子轻松幽默，人们在每天"压力山大"的生活中都喜欢看到这样的"正能量"。

第三，"点开全文君"内容每天更新，技巧多多，值得我们归入"标题库"定期学习总结。

（二）从主谓宾游戏中学写标题

"主谓宾游戏"是一个经典的纸条游戏，给我们的童年带来了很多欢乐。

游戏的规则很简单，小伙伴们分成3组，第一组在纸条上写人名（人名必须是现场在一起玩游戏的人）；第二组写的是状语（如时间、地点）；第三组写的是动宾结构的词语（如做什么）。因为是玩游戏，所以在写的过程中会尽情发挥想象力，以制造更多的笑料。写好后分别从3个组中抽出一张纸，将3张纸上的字凑成一句话，就是我们得到的效果。例如：

张老师在大明湖畔拉肚子。

李明在月球上抄作业。

是不是很有意思？那么，你还记得在标题方程式章节中讲到的"剧情式故事性"标题的第一种情况吗？正因为在"人物""时间""地点""行为"元素上产生了逻辑上的不一致，才形成了喜剧效果——这是我们从游戏中学到的第一点。

第二点，我们在玩游戏的时候写的都是现场小伙伴的名字，最后"中枪"的都是我们身边的小伙伴，所以才会有一群人的欢笑。同理，一篇文章要引起读者兴趣，标题的"相关度"极其重要。

（三）从优秀电影中学写标题

下面从优秀电影片名中学习怎样写标题。

1. 标题方程式之故事性

（1）"故事性"标题的第一种情况为"剧情式故事性"标题，即在事件的人物、时间、地点和事件本身上寻找爆点。

以爆点人物作为片名的电影有：

《第一夫人》

《辛普森：美国制造》

《萨利机长》

以爆点地点作为片名的电影有：

《爱乐之城》

《血战钢锯岭》

《地雷区》

（2）"故事性"标题的第二种情况为"悬疑式故事性"

资源下载码：67890

标题。

例如,《隐藏人物》影片名字的巧妙之处,在于激发观众了解片中 3 位黑人女性的好奇心。

《一个叫欧维的男人决定去死》影片名字的巧妙之处,在于激发观众了解这位叫欧维的男人的好奇心。

《校合唱团的秘密》影片名字的巧妙之处,在于激发观众了解校合唱团秘密的好奇心。

2. 标题方程式之技巧

(1) 电影和原著的标题,你觉得哪个更好?

例如,电影《月光男孩》根据剧本《月光下忧郁的黑人男孩》改编,电影《降临》根据小说《你一生的故事》改编,电影《雄狮》根据小说《漫漫回家路》改编。

(2) 中国(内地)、中国香港和中国台湾翻译的英文标题如表 2-24 所示,你觉得哪个更好?

表 2-24 翻译的标题

英文	中国(内地)	中国香港	中国台湾
Manchester by the Sea	《海边的曼彻斯特》	《情系海边之城》	《海边的曼彻斯特》
La La Land	《爱乐之城》	《声梦里人》	《乐来越爱你》
Elle	《她》	《烈女本色》	《她的危险游戏》

3. 标题方程式之相关度

相关度强的电影片名能引导观众对号入座。例如:

《爱乐之城》——观众可以判断这是一部歌舞片；

《血战钢锯岭》《地雷区》——观众可以判断这是一部战争片；

《跑调天后》——观众可以判断这是一部喜剧片；

《太空旅客》——观众可以判断这是一部科幻片；

《深海浩劫》——观众可以判断这是一部灾难片。

4. 奥斯卡影后的标题技巧

艾玛·斯通——第89届奥斯卡最佳女主角。15岁时，她就为梦想做了件疯狂的事：她把父母召集在一起，用PPT阐述自己要做职业演员的计划，背景音乐用了麦当娜的 *Hollywood*，而PPT的标题是"好莱坞计划"。

注意，"好莱坞计划"这个标题，比"我的好莱坞之梦""我不想上学"或"我想当一个演员"的落地性、说服性更强，换作你是她的家长，难道会忍心拒绝吗？

（四）跟"虎扑体育"学写标题

对于科比的职业生涯告别战，大多数网站策划的新闻标题是这样的：

《60分！科比告别战"无解"率湖人逆转爵士完美收官》

《科比告别战为胜利付出所有 他真是湖人第一人》

《20年弹指一挥科比落幕 乔丹后最伟大没有之一》

"虎扑体育"当天头条微信文章的标题是这样的：

《科比》

这个标题如何？对这篇文章，粉丝留言如下。

"此处无声胜有声，小编，看你下面的回复我被触动到了。确实，在科比的名字面前任何标题都是苍白的。唯有科比，唯有感动。"

"JRs脑洞太大怎么办？帮你展现！精选最亮的JRs语录，你想听的所有好梗都在这儿。"——这是"虎扑体育"公众号上的"虎说八道"栏目简介，粉丝看球的精彩吐槽有机会被编辑"上墙"采纳为文章标题。例如，2017年5月8日，骑士4∶0横扫猛龙，晋级"东决"，编辑将粉丝的吐槽作为标题：

《终于知道骑士为啥亏损了，一轮系列赛只能卖两场票》

凯尔特人再次躺着超车，超过骑士，成为东部战绩榜首，编辑将粉丝的吐槽作为标题：

《东部第一有这么招人嫌？你们至于靠输球来交换上下吗》

在勇士以144∶98大胜快船的比赛中，库里砍下了43分、9篮板、6助攻，编辑将粉丝的吐槽作为标题：

《库里：那些年斯台普斯错过的三分雨，哥在甲骨文通通还你》

让粉丝的评论"上墙"，也是"新世相"的标题秘诀。例

如，"新世相"发布讨论话题"哪些东西是你在城市里最想得到的？"后收到了 2 000 多条回答，其中一名在上海打工的粉丝"北极熊"的答案是"鞋柜"，理由是："在我 15 平方米的合租房中，有两个巨大的四层鞋柜，装满了我来上海以后买的各种鞋。不同场合要配不同的鞋，上海这地界容不得你粗糙。'上漂'的路真难走，还好我有两个鞋柜和一堆鞋。"于是，"新世相"在 2017 年 6 月 22 日推送的文章标题叫《人生的路太难走，所以我买那么多鞋 | 40 种让人在城市感到安全的物欲和爱》，该篇文章阅读量 8 万 + 次。

除了"虎扑体育"公众号外，也能从"腾讯体育"新闻中学到标题技巧。NBA 知名球星，如库里、詹姆斯，他们的名字就是号召力。例如：

《库里：勇士天赋爆棚 只要转移球好事就会发生》

《季后赛得分最强五人：詹姆斯有望超乔丹成第一》

而如果是替补球员，如米尔斯、香珀特，则可用"马赛克式"标题代替。例如：

《专访骑士大将：横扫猛龙不意外 东决也能打脏球》

哪一类 NBA 话题最能吸引粉丝的参与？答案是将球星做比较。例如：

《杜兰特 2K18 能力值为 96，那詹姆斯的会是多少呢？》

《乔丹、魔术师、皮蓬 vs. 科比、詹姆斯、杜兰特，这两组来个 3 vs. 3，你觉得哪边会赢？》

《杜兰特和库里,谁对勇士的成功更重要?》

(五)从自媒体网红一句话简介中学写标题

网红公众号的一句话简介,列举如下。

"papi 酱":一个集美貌与才华于一身的女子。

点评:故事性标题,美貌与才华常常不能兼得,打破常规让人产生好奇。

"咪蒙":我是个女流氓,请不要欺负我。

点评:故事性标题,"女流氓"在人物上形成爆点,引发好奇。

"胡辛束":一个人的少女心贩卖馆。

点评:强相关度标题,拉拢有"少女心"的年轻女粉丝。

"留几手":我觉得我像一个艺术家。

点评:故事性标题,头像和标题起冲突,很有喜感。

"王左中右":一个脱离了高级趣味的直男。

点评:俚语改编式标题,原句是"一个脱离了低级趣味的人"。

"许岑":在平坦的路面上曲折前行。

点评:用自己的"观点"做标题,体现做事方式。

"新世相":每天最后一分钟的人生学校,我们终将改变潮水的方向。

点评：正能量标题。

"我要 What You Need"：一个年轻人的聚集地。

点评：强相关度，吸引年轻人关注。

"阿司匹林博物馆"：存留12%的回忆，用一剂阿司匹林镇痛。

点评：故事性标题＋数字。

"琢磨先生"：生活，就是心怀最大的善意在荆棘中穿行。即使被刺伤，亦不改初衷。

点评：正能量标题。

课后习题

一、判断题

1. 带有以下标题的文章，是否可以发布在"今日头条"？

（1）《头条收藏专题｜文玩鸣虫葫芦收藏　小葫芦大天地》
　　　　　　　　　　　　　　　　　　　（　　）

（2）《惊呆！你死都不会相信的历史真相》　（　　）

（3）《爱情，不过是一件布满虱子的旗袍》　（　　）

2. 以下广告文案，是否可以发布在"今日头条"？

（1）《全国销量第一的茶叶招商啦》　　　（　　）

（2）《祖传秘方　一个疗程见效》　　　　（　　）

3. 带有以下标题的文章，是否可以发布在微信公众号上？

（1）《转发保平安 | 十二星座的护身符》　　（　　）

（2）《集赞活动！集齐60个赞大奖等你拿》　　（　　）

二、单选题

1. 以下（　　）不是标题的功能。

A. 吸引注意　　　　　B. 筛选听众

C. 自娱自乐　　　　　D. 引导读者阅读内文

2. 以下（　　）不属于"标题方程式"的要素。

A. 相关度　　　　　　B. 附着力

C. 故事性　　　　　　D. 技巧

3. 以下（　　）标题没有明确"相关度"。

A. 《如何避免成为油腻的中年女人》

B. 《这是一条给武汉西安粉丝的独家推送》

C. 《一句话证明你是广告人？这些答案让我笑疯了！》

D. 《新的一年，大吉大利》

4. 以下（　　）不属于"故事性"标题。

A. 《广东一女子跳河，因体重太胖浮水面获救》

B. 《安徽小伙骑自行车回家过年，1个月后发现方向反了》

C. 《考研：谁不是一边在努力，一边想放弃》

5. 以下（　　）广告语没有使用"承诺"。

A. 怕上火，喝王老吉

B. 保护嗓子，请用金嗓子喉宝

C. 你是我的优乐美

D. 要想皮肤好，早晚用大宝

6. 以下（　　）广告语没有明确"相关度"。

A. 七匹狼：男人要对自己狠一点

B. 超能女人用超人

C. 美的电器：生活可以更美的

三、填空题

写出以下标题的类型。

1. 《2017年度尴尬广告排行榜》　　　　　（　　）
2. 《每个广告乙方都经历过这个，哈哈哈哈哈哈》（　　）
3. 《听说，做广告的97%都想过整容》　　（　　）
4. 《广告人的周末都是怎么过的？》　　　（　　）

参考答案

一、判断题

1. （1）否。标题冒用"头条"名义，会被退回修改。

    （2）否。标题中使用包括但不限于"震惊""惊呆""傻了""传疯了""看哭"等过度夸张的词语属于违规。

    （3）否。标题中"愛"是繁体字，会被退回修改。

2. （1）否。"全网第一""全国销量冠军"是违禁词。

    （2）否。史无前例、前无古人、永久、万能、祖传、特效、无敌、纯天然、100%与欺诈有关，涉嫌欺诈消费者。

3. （1）（2）都为"否"。集赞、得礼物、拉好友转发送红包、需要转发才能进行后续操作的均属于违规。

二、单选题

1. C 2. B 3. D 4. C 5. C 6. C

三、填空题

1. 盘点式标题 2. 马赛克式标题 3. 数字式标题
4. 提问式标题

第三章

教你写软文，引流高转化

摘要

- 酸 朋友圈里那些"神转折"的软文是如何写出来的？为什么粉丝会定着闹钟等"胡辛束"发广告？羡慕、嫉妒、恨。
- 甜 一篇软文成功的要素是什么？高水平的软文是如何征收"智商税"的？一个公式让你秒懂软文写作。
- 苦 软文写成硬广，广告植入牵强，领导客户埋怨，你的苦我们懂。
- 辣 总结"顾爷""胡辛束"的软文写作心得，姜还是老的辣。
- 咸 一篇好软文顶 10 000 名销售员，"软文技巧"助你"咸鱼翻身"。

一、软文的定义

时间：19:00　　　　　地点：购物中心门口

"游泳健身了解一下"，话音刚落，一张宣传单硬塞到小芳手中。

时间：22:00　　　　　地点：小芳家的卧室

睡前刷手机时，小芳被一篇"新闻"吸引：女孩为考空姐两个月减重30斤，"新闻"里还透露了女孩常去的健身房地址。

上述小芳所看到的"新闻"就属于软文。

什么是软文？笔者给的定义是，软文是以新闻评论、知识科普、资讯集合、短篇小说、日记随感等任意一种形式为内容载体，以推广品牌或推销产品为目的的文字广告。

二、软文方程式

在分析了"顾爷""胡辛束"等爆款文章作者的数千篇软文后，笔者总结了软文写作的公式：

软文 = 内容载体 × 植入广告 × 故事力

（一）软文方程式之内容载体

软文 = 内容载体 × 植入广告 × 故事力

1. 软文为什么需要内容载体

"广告之父"大卫·奥格威认为："如果一条广告看起来不像广告，而像一条新闻或评论，那么大多数读者会停下来将它读完。"内容载体的作用是让读者沉迷于内容，在潜移默化的过程中植入广告。

2. 哪些内容可以作为载体

常见的内容载体形式有以下5类。

（1）新闻评论。新闻评论是指作者对最近发生的新闻事件发表言论。

例如，"咪蒙"公众号的文章《最好的婚姻，就是做彼此的脑残粉》就是以新闻评论为内容载体的软文，总结了5项20年婚姻保鲜的秘诀。文章末尾植入广告的文字是"黄磊想用做菜去讲爱情的道理，他婚姻保鲜的秘诀我们已经知道了。他做菜的秘诀，我来偷偷告诉你，那就是某酱油。"

（2）知识科普。知识科普是指作者用一种通俗易懂的语言来解释某种现象和理论。

例如，"顾爷"公众号的文章《一口气看懂毕加索，包教包会，不收学费》就是以知识科普为内容载体的软文，针对大多数人看不懂毕加索画作的问题来进行科普:"毕加索要做的事情是颠覆几百年的绘画传统,所以创造了一种更具颠覆性的画法,用一个词来总结就是化繁为简。"文章末尾植入的广告文字是:"就像以前你在路边停车时,总会手忙脚乱到处找手刹,现在传统手刹已经化繁为简,变成了电子手刹。全新一代某,让你像毕加索一样,自由地在城市坡道上走走停停。"

(3)资讯集合。资讯集合是指在一篇文章中尽可能多地提供最新、最全、最专业的资讯。

例如,"黎贝卡的异想世界"公众号的文章《get(学会)金秘书的职场小细节,升职加薪没难度》就是以资讯集合为内容载体的软文,以韩剧角色"金秘书"为例建议读者"不要在背后议论同事""学会换位思考,能为别人着想""在和工作相关的场合,永远不要喝多""注意衣着打扮"等职场细节,并在文章末尾推荐了一款衣服香水。

(4)短篇小说。短篇小说是指平均篇幅在万字左右的小说,其特点是篇幅短小、情节简洁、人物集中、结构精巧。

例如,"银教授吐槽"公众号的文章《曾经眼里全是你》就是以短篇小说为内容载体的软文,文章改编自《笑傲江湖》,故事讲述令狐充在华山的师徒情谊及其与小师妹的情感故事。当情节进展到风清扬传授令狐充剑法时,作者写道:"令狐充在山上身无分文,是哪来的钱交学费?在他行走江湖的那些日子里,'不带心法'不止一次帮助令狐充化险为夷……天下功夫，唯快不破。某银行不带卡，一键出卡，即刻使用，还有多重优惠等你来拿。"

（5）日记随感。日记的内容来源于作者对生活的观察，可以记事、写人，也可以状物、写景，还可以记述活动，凡是作者在一天中做过的，或看到的，或听到的，或想到的，都可以是日记的内容。

例如，"胡辛束"公众号的文章《说不定吃点儿东西就会有灵感》就是以日记随感为内容载体的软文。文章里作者记录了单身的"我"在餐厅独自用餐、排队等候的尴尬与无奈，文章末尾推荐了某自助点餐 App。

（二）软文方程式之植入广告

软文 = 内容载体 × 植入广告 × 故事力

1. 什么是植入广告

植入广告是指把产品、促销信息或品牌精神融入文章的一种广告方式。在软文中，植入广告的字数往往占文章的 1% 甚至更少。

2. 如何植入广告才能不生硬

软文要做到自然植入，重点是内容载体和植入广告文字的衔接要符合逻辑，即内容载体——刻画人物痛点，植入广告——

解决人物痛点。

以"顾爷"的文章《凡·高为什么自杀》为例,作者分析出凡·高因为"穷"而自杀,"穷"即是凡·高的痛点,而销售的产品则能解决凡·高的痛点,于是作者顺势植入广告就符合逻辑:"某推出新功能——预测你10年后成为土豪的可能性。如果真有某,也许凡·高会多活几年……"

(三)软文方程式之故事力

软文 ＝ 内容载体 × 植入广告 × 故事力

美国作家 Seth Godin 说过:"市场营销的真正任务不是向消费者推销你的产品,而是向他们推销你的故事。"有一句美国谚语也强调故事对写作的重要性,这句谚语是:"事实使人知,真相使人信,只有故事令人永难忘。"

1. 什么是故事力

故事力即作者讲故事的能力。顾孟劼、胡辛束、银教授等爆款文章作者无一不是创作故事的高手。

2. 故事对于软文写作的作用

(1)通过故事赢得读者信任。

2014年,在《哈佛商业评论》的《为什么你的大脑喜欢好故事》一文中，神经经济学家保罗·扎克揭示了作者讲故事时"信任荷尔蒙"催产素的强大冲击力：当我们与喜欢的人待在一起或拥抱时，我们的身体会分泌它，当我们看故事时也会如此。

（2）通过故事连接产品和读者。

"胡辛束"公众号主理人胡辛束曾说过："我认为，能够让你的受众以他爱听的方式，告诉他们广告主想传达的事情，是一件不容易的事。然后，每天与这些广告主沟通，或者和你的粉丝交流，之后你会发现脑子里面有一个桥梁，你大概会知道你的广告主想要传达的事情，或者你的粉丝想听的事情。"而故事就成为产品和用户之间连接的桥梁。

（3）通过故事说服读者行动。

以下的对话出自美剧《广告狂人》（Don 是广告公司创意总监，Allison 是广告公司客户经理）。

Don：给我透露点行业秘密吧，你是如何让人们按照你的意愿做事的？

Allison：伊索有一则关于风和太阳的寓言。有一天风和太阳要一较高下，看谁能脱掉一个旅人的外套。于是风对着那个旅人猛烈地吹，那个旅人却把衣服越裹越紧。但是当阳光照射旅人后，越来越热，旅人就自己把衣服脱掉了。

Don：那么寓意是什么？

Allison：友好、温和、劝告可以大获全胜，强迫却无济于事。

伊索寓言告诉我们：友好、温和、劝告可以大获全胜，强迫却无济于事。有经验的软文作者懂得用故事去说明空洞的大道理，懂得用故事去替换生硬直接的推销，懂得用故事去引导读者购买产品。

3. 如何写出好故事

（1）情节创作的秘密。

《这样写出好故事》一书的作者詹姆斯·斯科特·贝尔，总结出一个重要原则，叫"LOCK 系统"。

LOCK 系统中 L（Lead）是指主角，O（Objective）是指目标，C（Confrontation）是指冲突，K（Knockout）是指冲击性结尾。

接下来，我们以"顾爷"的软文《凡·高为什么自杀》为例做分析。

L（主角）

请想象一下，如果故事的主人公是一名勤劳善良的画家，读者会被吸引吗？为什么呢？因为这样的人物乏味至极。

若那名画家是鼎鼎有名的凡·高，据说还有些神经病，那么读者对这样的人物设定是不是会更感兴趣？

我想表达的是，只有非同寻常的主角，才更容易让读者融入剧情。所以你在设计主角的时候，务必要挖掘出一些非同寻常的特色来。

O（目标）

凡·高在成为画家之前，是一名画商。为什么凡·高会弃商从艺？这是因为凡·高有一个伟大的目标：成为知名的画家。

至此，故事的人物有了目标，有了需求，有了渴望。渴望是故事的推动力，驱动着故事的剧情，避免剧情原地踏步。

C（冲突）

可惜，凡·高没有等来一炮而红的机会，他自杀了。

这就是冲突，如果故事缺少冲突，读者就不会有期待和担心。

K（冲击性结尾）

为什么凡·高会自杀？一个对自己的商业模式有着完美构想的天才，为什么会在快要熬出头时挂掉了？因为——穷。他的生活来源主要靠弟弟接济，弟弟每个月会给他的账上打200～250法郎的生活费。某推出新功能：预测你10年后成为土豪的可能性。如果真有某，也许凡·高会多活几年……

当有了"LOCK系统"后，我们可以对"顾爷""银教授吐槽"所写的故事进行分析：他们的故事为什么会吸引你？它是怎样开头的，角色有什么很特别的特征？他有目标吗？他在实现目标的过程中，会碰到什么困难？最终结局如何？是实现目标，还是逃避目标了？

（2）人物塑造的秘密。

如何讲好故事，高德纳公司营销副总裁杰里米·唐诺文在其书《成功演讲的奥秘：如何通过一个强大的演讲表达自己》中提出："设计一个有优点、缺点和个人目标的故事主人公。""咪蒙"公众号主理人马凌有相似观点："你确认自己的优点，放大你的优点，用有趣的方式宣传你的优点，同时用有趣的方式拿自己的小缺点自嘲——这样才能建立一个完整的个人品牌，既优势清晰，又不咄咄逼人。"

（3）内容讲解的秘密。

"六神磊磊读金庸"公众号主理人王晓磊总结了"半步理论"：你提供的知识边界不多不少，领先读者半步就可以，而且重要的是你知道读者的知识边界在哪里。否则，在读者完全不熟悉的领域，他们的阅读很难继续下去。

例如，说到李白，是那个时代的"大李"，那么谁是"小李"呢？可能有的读者想不起来谁是李商隐了，但是总知道"春蚕到死丝方尽，蜡炬成灰泪始干"这首诗吧？于是，作者就可以用读者熟悉的知识去解释"小李"。

4. 好故事哪里找

（1）故事来自作者。

微信公众号"胡辛束"主打"一个人的少女心贩卖馆"，每晚讲述自己或其他女生的小故事、小情绪，配着简约可爱的漫画小人，以一句"晚安"结尾。"胡辛束"公众号主理人胡辛束说："我就写我自己，写企业的也会带入个人风格。

写感情的素材也有很多,每个人都有自己的故事,每个故事都不一样。"

(2)故事来自粉丝。

作为情感博主,"衣锦夜行的燕公子"公众号主理人龚燕时常收到粉丝的微博私信,多是咨询情感问题。龚燕会选取粉丝的故事作为案例放在公众号的文章中。

(3)故事来自采访。

"咪蒙"公众号的故事是哪里来的?马凌介绍,公众号里她讲的那些故事都是她和团队的自身经历,或者是从朋友那里采访得来的。马凌说:"为了收集故事素材,我甚至还特意设置了一个文学助理的岗位。每次我要写什么主题,需要哪些故事,该去采访哪些人,我都会列好了让他帮我去收集素材。好的故事一定是带有真实性的,很多情节是你编都编不出来的。"

(4)故事来自搜集。

"顾爷"公众号主理人顾孟劼每做一条文案,都要花一个星期的时间专门查找资料、上网搜、钻图书馆挖、沉湎于画家纪录片。他说画家的纪录片"就像一部小电影,会收获不一样的惊喜"。

(四) 软文方程式之乘法法则

软文 ＝ 内容载体 × 植入广告 × 故事力

连接软文方程式各要素的符号是乘号,各要素之间的协同效应并不限于简单的相加。

在乘法作用下,软文方程式的结果有以下3种情况。

1. 方程式乘积为正数

"内容载体"的绝对值越大,说明文章内容越充实,则软文效果越好。

"植入广告"的绝对值越大,说明植入方式越巧妙,则软文效果越好。

"故事力"的绝对值越大,说明作者讲故事的能力越高超,则软文效果越好。

2. 方程式乘积为零

如果"内容载体"=0,意味着文章属于纯广告,不属于软文。

如果"植入广告"=0,意味着文章只有内容,不属于软文。

如果"故事力"=0,意味着作者不具备讲故事的能力,写出的软文十分生硬,没有读者乐意看。

3. 方程式乘积为负数

如果"植入广告"为负数,意味着广告虚假承诺或产品质量存在问题，其结果是给消费者带来误导，企业、作者也会被追究法律责任。

三、软文写得出神入化，是否能创造销售奇迹

仅仅靠软文写得好就能够产生销售奇迹吗？其实，产品和品牌的竞争力同样重要。

1. 产品实力

"产品是1，营销是0。"在功能、质量、价格、服务上有优势的产品，通过营销的推动，有机会销量过百万。而存在质量问题的产品，即使软文写得天花乱坠，在消费者使用后也会"见光死"。

2. 品牌效应

品牌效应是产品经营者因使用品牌而享有的利益，知名度高的品牌更有利于推销产品。正如"胡辛束"公众号主理人胡辛束所说："目前我接的广告更多的是像麦当劳、肯德基、宝格丽、雅诗兰黛等这些大家耳熟能详的品牌。我认为这些品牌不仅能够帮助我的公众号看起来更洋气一些，同时我觉得和这些广告主打好关系也是很开心的一件事。在这样一个前提下，粉丝也会认为你很有意思，你接的广告也很有意思，你所提供的品牌商我们都有所认知，这样是大家都开

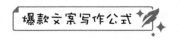

心的一种状态。"

四、微信软文发布的最佳时间

"胡辛束"微信公众号每天坚持在 22 点 22 分推送,这是一天接近终点却又没有完全结束的时间。她有不少读者已经养成习惯,定好闹铃提醒自己准时打开手机阅读"胡辛束"发来的深夜絮语。胡辛束说她有一个"黑夜法则":"你会在天黑之后表达欲升腾,渴望交流、倾诉甚至是谩骂。你会更想念一个人、一段过往。你会以为夜深之时,除你以外的人都有了美梦。你会嫉妒、会反思、会把一天的情绪都献给黑夜,在最不该胡思乱想的时辰杀掉自己。"

科学证明,傍晚是读者阅读故事的最佳时间,在此时段发布软文最合适。国际演讲家加布里埃尔·多兰在其书《做个会讲故事的人》中写道:"白天的话题,即使有更多人的参与,也是聚焦于经济及社会话题。到了晚上,人的心情开始变得放松,就会有唱歌、跳舞、仪式活动等,但大多数时间用来讲故事。这些故事把人带到火堆边,走进聆听者的内心。有些故事讲述活着的人,有些故事讲述去世的人,有些关于现在,有些关于过去,有些让人欢笑,有些让人紧张或害怕,有男人们讲的故事,也有女人们讲的故事。"

下面是一些可以参考借鉴的文章,如表 3-1 所示。

表 3-1　可以借鉴的文章

公众号	文章
假装在纽约	《重新开始自己的人生，不管什么时候都不晚》
咪蒙	《你妈逼你结婚了吗》
阿司匹林博物馆	《当春节成为我最不自在的节日》
石榴婆报告	《新年聚会怎么穿，才能漂亮又自在》
晚安少年	《爱情里，找个让你自在的人很重要》
王左中右	《你们都爱猴哥，但我却默默爱着八戒》
猜火车	《我不是高冷，我只是比较慢热》
连岳	《怎么喝酒才对？》
大象公会	《中国将来还有人喝白酒吗》
月之海	《"涨姿势"，春节这么穿才超自在》
新世相	《怎样在不自在的聚会上当一个安静的演技派》
我要 What You Need	《这个世界的问题就在于每个人都少喝了两杯酒》
Queen 主义	《作为"已婚狗"，我是多么羡慕你们单身贵族》
反裤衩阵地	《我挺好的丨过年用这些话堵死亲戚的嘴》
毒舌来啦	《你"辣么"丑，谁跟你约会》

课后习题

一、单选题

1. 软文写作的目的是（　　）。

A. 讨好、娱乐观众

B. 赢得广告大奖

C. 把产品卖出去

2. 广告主最看重的指标有3个，以下（　　）不是。

A. 阅读率

B. 创意力

C. 单个用户付费成本

D. 转化率

二、思考题

2016年1月底，RIO鸡尾酒找了17个微信自媒体为其产品做传播。建议你在网上找到表3-1中的文章，一边看一边思考以下问题。

问题1：文章的写作目的是什么？

问题2：15篇文章分别用的是哪种类型的"内容载体"？

问题3：作者所写故事有什么特点？作者是如何找痛点的？

参考答案

一、单选题

1. C　2. B

二、思考题

略

第四章

教你成功路，套路能复制

> **摘要**
>
> 酸　应届毕业生如何从文案菜鸟成为文案高手？工作多年，文案的出路在哪里？
>
> 甜　揭秘"黎贝卡的异想世界""李叫兽"的成功套路，下一个逆袭的就是你。
>
> 苦　文字创作者如何做职业生涯规划？自媒体创业如何少走弯路？自媒体实战派为你指路。
>
> 辣　教你爆款文章作者的成功方法——"刻意练习""归纳总结""时间管理"，姜还是老的辣。
>
> 咸　普通人靠写作实现逆袭，"成功方程式"助你"咸鱼翻身"。

正如"新世相"公众号主理人张伟所说:"大多数的成功都是意外、莫名其妙的。"2014年年初,"顾爷"公众号主理人顾孟劼在新书签售会上,目睹粉丝如潮水般涌向自己的那一刻,才意识到自己红了。

其实,爆款文章作者们的成功是有规律的,只不过"当局者迷"。本章笔者将通过"成功方程式"为读者揭秘他们的成功之道。

日本"经营之圣"稻盛和夫总结了一套"成功方程式":

人生和工作的结果 = 思维方式（-100～+100）× 努力（0～+100）× 天赋（0～+100）

一、成功方程式之思维方式

人生和工作的结果 = 思维方式（-100～+100）× 努力（0～+100）× 天赋（0～+100）

在"成功方程式"中,"思维方式"是指一个人对待工作的心态、精神状态和价值偏好。

穷人和富人的思维方式如表4-1所示。

表4-1 穷人和富人的思维方式

穷人的思维方式	富人的思维方式
我办不到	我怎样才能办到
要是我再年轻一点	我还很年轻

第四章 教你成功路，套路能复制

续表

穷人的思维方式	富人的思维方式
我受的教育有限	我会不断学习
稳定的工作就是一切	不断进取才是一切
我可买不起	我想办法买得起
钱不好赚	赚钱很容易
要是我爸给我留下	成功要靠自己
这是一个贫穷的世界	这是一个富有的世界

由此可见，穷人和富人的思维方式有着巨大差异，那么爆款文章作者在思维方式上与普通文字工作者相比到底独特在哪儿？

（一）80%的人输入，20%的人输出

网上有个段子：世界上最远的距离就是你傻乎乎地看她微博，她已经挣了2亿元。段子中的"你"就是内容输入者，即读者、观众；段子中的"她"就是内容输出者，即作者、文案。"黎贝卡的异想世界"创办人方夷敏正是20%的内容输出者之一。她曾讲："80%的人在朋友圈读什么，都是由20%的人决定的，那20%往往是那些在朋友圈中拥有'话语权'和'影响力'的人。"

那么什么才是方夷敏口中的"输出"？笔者的观点是，输出是指发现大多数人意识不到的问题，并提出新观点。例如，80%的人看重智商、情商，方夷敏却倡导女人提升"买商"，

她的理由是:"有钱的人很多,会花钱的人却不多。会花钱一是体现你的品位,二是体现你的'买商'。我觉得判断要不要买某个东西很简单,看需不需要,喜不喜欢,适不适合。"

我们在网络上看到的一些新词,有不少就是内容输出者创造的。"咪蒙"公众号主理人马凌在《南方都市报》发表的文章《你有没有注意过生活中各种流行的"鄙视链"?》创造了"鄙视链"这个词。马凌发现:"比如看英剧的鄙视看美剧的,看美剧的鄙视看日韩剧的,看日韩剧的鄙视看港台剧的,看港台剧的鄙视看国产剧的……"为什么会存在"鄙视链",马凌对此种大众心理的解释是:①智商优越感;②年龄优越感;③时尚度优越感;④原创优越感;⑤品位优越感;⑥国际化优越感;⑦小众优越感。

2016年,"新世相"公众号主理人张伟创造了"小确丧"(意思是微小而确实的颓丧)一词,现今这个词已经被广泛用作"丧文化"的代称。"小确丧"一词并非传达消极的生活态度,张伟想表达的核心观点是:①小确丧就像人身体的代谢机制一样,能排除生活毒素;②理解它的普遍性和重要性,会解决很多焦虑,因为你会知道这种丧不可怕,而且有好处。

(二)80%的人挤阳关道,20%的人走独木桥

美国流行歌手Lady GaGa曾说过:"我的高中同学都梦想

着去 Google 工作，而我的理想是成为 Google 搜索中的人。"

考名校、进名企，是看起来更稳妥、更靠谱的人生选择，这也是大多数人的思维方式。而胡辛束、顾孟劼却偏偏不走寻常路，如同 Lady GaGa 般成为被粉丝在网络中搜索的名人。

"胡辛束"公众号主理人胡辛束在北京科技大学读书时，因为对计算机专业不太感兴趣，她便用大把的时间学习插画和设计，习得一手绘画能力。为什么放弃当时热门的计算机专业，胡辛束的理由是："全班 40 几个人都学一样的东西，不够酷。"

"顾爷"公众号主理人顾孟劼多次强调自己"非科班出身"的经历，高中毕业后家人给他选的专业是最热门的会计，哪知学了 4 年，他连自己的税都不会算。后来由于女友的一句"做设计的男生很酷吧"，他又跑去澳大利亚学设计，毕业后在当地一家公司做设计师。谈起那段在国外做设计师的日子，顾孟劼说："刚开始做就是想学一门技术，后来渐渐发现，想法比较重要。工作了以后才发现，是老板的想法比较重要。"后来，顾孟劼认为自己更擅长也更喜欢的还是讲故事，于是把工作重心转向做文案、写东西。

应届毕业生往往会面临职业生涯的选择，到底是考公务员、报考热门专业（计算机、会计）比较稳妥呢，还是坚持自己的兴趣（做文案、做设计），又或者是尝试创业比较好呢？"李叫兽"公众号主理人李靖对于如何"策略性地职业规划"，提出两点建议：①寻找缺口，即在想自己要不要选择某种职业时，真正需要研究的不是本专业的其他同学,而是"市场";②扬长避短,即找到一个领域,发挥你的长处,限制你的短处。一旦找到这个领域,你就能将你的优势最大化,并能限制竞争对手的发挥。

(三) 80%的人迷茫,20%的人专注

三百六十行,究竟哪一行最有前途?

当了十多年学生,突然面临择业,却不知道自己该干什么。

一旦纠结于以上问题,大多数人都会感到迷茫。如何才能走出迷茫?

1. 排除自己不喜欢的工作

"胡辛束"公众号主理人胡辛束谈起当年的自己时说:"作为一名曾经是学计算机专业的理科生,当年在北京科技大学上学的时候,我总是会问自己一些问题:要一辈子和计算机代码过下去吗?要做一个日渐秃顶的女程序员吗?我还有机会和像主持人一样好看的男孩子共事吗?我大学过得非常痛苦,因为我根本不知道接下来该去做什么。"大二的时候,胡辛束去创新工场实习,领导给胡辛束的建议是:"你不一定要知道自己会做什么,你一定要知道自己不会做什么。"于是胡辛束做了决定:"我大脑中第一个放弃的就是计算机。我不想去做测试、开发,不会去做代码、硬件。排除所有我不喜欢的事情之

后，发现可走的路其实就很少了，无非是做设计、做广告、做营销等。"做完排除法，看似减少了很多可能性，但职业发展的方向更加聚焦。

又如，"李叫兽"公众号主理人李靖在研一的时候收到多家公司的录用通知，最高年薪有超过300万元的，但是李靖只花了5分钟的时间就拒绝掉了。李靖解释道："这个（工作）从本能上来说对我有非常大的诱惑力，但是从战略的角度来说，这个工作不是我喜欢的，而且无法发挥自己最大的竞争优势。"

2. 选择喜欢并能发挥最大优势的工作

"咪蒙"公众号主理人马凌曾给应届毕业生提出建议："不要去考虑哪个专业就业率更高，也不用考虑哪个行业前景更好，更不用考虑哪个岗位赚钱多。你只需要考虑一件事，你喜欢做什么，什么是你为之热血沸腾，为之彻夜难眠，为之心驰神往的事。荣格有句名言，小的时候，做什么事能让时间过得飞快并让你快乐，这个答案就是你在尘世的追求。我们愿意把时间花在哪里，那就是我们喜欢的事啊。确认你喜欢做什么，然后把它做到很好，你就能赚到钱；把它做到极致，你就能赚很多很多钱。"

3. 早点实习，进入社会

记者向"姜茶茶"提问：对于有志于从事广告行业的大学生，您会建议他们做哪些前期储备，以便更好地度过大学时光？

"姜茶茶"给出的建议是：早点实习，进入社会。

"姜茶茶"实习的公司是广告行业鼎鼎有名的奥美。在奥美，Jackie是"姜茶茶"入行的第一个师傅。MINI的这句流传甚广的文案"别说您爬过的山，只有早高峰"的作者就是Jackie。

"姜茶茶"有一次在深夜加班的时候抱怨了几句，结果Jackie跟"姜茶茶"说，他曾经在公司睡了3天没回家。Jackie的敬业精神影响了"姜茶茶"，让"姜茶茶"不只把自己当作一个实习生看，而作为一个正式的文案从业人员去要求自己。

（四）80%的人违背常规，20%的人打破不合理常规

"李叫兽"公众号主理人李靖在《2016，新媒体不是媒体》的演讲中说道："我见过某公司搞的微信抽奖，奖品是Apple Watch（苹果手表），结果只有几十个人参加——相当于花了2 998元，只涨了几十个粉丝，其中大部分还会立马取消关注。"该公司的做法就违背了常规，而不少公司做自媒体也犯了同样的错误。

李靖在文章《苹果、小米、FB这些品牌，为什么现在不酷了？》中写道："品牌所谓的'酷'，其实就是当一个人面临某个与常规不一致的事物时，产生的积极主观的感受。品牌如果要想酷，要做的就是打破某些不合理的社会常规。"决定自媒体成败的关键也在于是否打破了"不合理的常规"。

那么能够从营销类自媒体中杀出血海,"李叫兽"打破的"不合理的常规"是什么?据李靖回忆:"我看到市面上大量的商业分析类的文章,有人分析小米必死,又有人分析小米必火,他们是怎么知道的?完全没有判断依据,往往是根据一两个事件进行放大推断,而且分析的人不懂行业,既然不懂行业你为什么要大放厥词呢?我想我要做一个公众号,传播更加精准,并且是有科学依据的商业知识,而不是不负责任地说一句话。"

能够从艺术类自媒体中杀出血海,"顾爷"打破的"不合理的常规"究竟是什么?"顾爷"公众号主理人顾孟劼发现,大众通常在美术馆看画的时候,天空就会飘过3个大字——"看不懂"。因此,他决定以讲故事的方式普及被大众视作"高大上"的名画:"很多人说我不尊重艺术,但我们可以肆无忌惮地评论电影,为什么不可以调侃几百年前的艺术?我现在所做的事情是艺术普及,对我来说就是我是怎么看艺术的,我认为艺术是一个吃饱喝足以后用来消遣的东西。"

(五)普通人如何升级自己的"思维方式"

穷人与富人,普通文案与自媒体红人,其差距就在于"思维方式"的不同。而升级"思维方式"的最佳方法是"读书"。

"六神磊磊读金庸"公众号主理人王晓磊将"读书"视为"至今为止我最成功的一笔投资"。"胡辛束"公众号主理人胡辛束认为："读书是帮你打开世界的最好方式，帮你用短短一辈子体验很多种生活。""咪蒙"公众号主理人马凌认为："在已有的人生中，我做过的性价比最高的事，就是阅读。为看书付出的所有时间、所有努力，都不会浪费，就算我们忘了具体的内容，但那些观点和故事，会融入我们的血液，改变我们的思维方式，成为我们的一部分。"据说，马凌即使在创业后也仍然保持每周读两本书的习惯，目的是"达到输入和输出的平衡"。

二、成功方程式之努力

$$\text{人生和工作的结果} = \text{思维方式}(-100\sim+100) \times \boxed{\text{努力}(0\sim+100)} \times \text{天赋}(0\sim+100)$$

在"成功方程式"中，"努力"是指从事一项工作的激情、渴望程度及行动的因素。

爆款文章作者拼到什么程度你知道吗？"黎贝卡的异想世界"公众号主理人方夷敏分享过自己运营自媒体的状态："每做一期，找图就要花八九个小时（这还没算我之前为了开号而准备的图片库存），排版至少四五个小时，加上选题、想角度、写文字……细数下来，每一期花费的时间都很惊人。做这个公众号以后，几乎每天都熬到凌晨三四点才睡……""咪蒙"公众号主理人马凌解析自己的走红秘诀时说："怎么成为网红？就是一个字一个字老老实实地写。"马凌不忘自嘲："作为妻子，我大概20分，作为妈妈，我大概50分。作为公众号主理人，我给自己打95分，因为我真的很敬业。"

"努力"不光靠拼时间、拼精力，更重要的是拼方法。正如"胡辛束"公众号主理人胡辛束所说："我一直都觉得，写一篇好的文章不是一件特别难的事情，因为可能你掌握了一些方法，然后看过很多名家的文章，在有一些语感之后，你会相对轻松地去完成一项这样的内容。"接下来，本书就为你揭秘自媒体红人的学习方法。

（一）归纳总结

"知乎"上有个提问："哪些实用的小方法、小技巧、好习惯能让人每天进步？""咪蒙"公众号主理人马凌作答并公开了自己的学习方法。对于马凌本人的学习方法，笔者概括为归纳和总结。

1. 归纳

第1步：记笔记＋画重点。"记笔记＋画重点"是大多数人都能做到的，遗憾的是仅停留在第一步还远远不够。

第2步：理解消化。如何真正理解消化知识呢？马凌通过"背诵"和"复述"来解决。"背诵"和"复述"有何区别？"背诵"强调的是死记硬背，"复述"强调的是理解转述。二者结合，效果加倍。

第3步：建立素材库。马凌会将找到的好素材及时归类，分别放在不同的素材库中，如图片库、好句子库、版式库等。在需要时，马凌会用关键词搜索出来，随时可以找到。

2. 总结

总结分为复盘和专项研究。

（1）**复盘**。"复盘"这个词源于棋类术语，是指对局完毕后，复演该盘棋的记录，以检查对局中对弈者的优劣与得失关键，有效地加深对这盘对弈的印象，也可以找出双方攻守的漏洞。而对前一天推送的公众号文章进行"复盘"，能帮助运营者快速提升写作能力。例如，马凌在"复盘"中发现，自己写的文章《男孩要穷养，你跟孩子有多大仇啊》阅读量有100多万次，另一个公众号转载后，仅仅换了标题《你知道男孩穷养的后遗症有多大吗》，阅读量就超过200万次，于是马凌对标题进行了更深入的研究。

（2）**专项研究**。"专项研究"的意思是针对某个知识点，通过查看大量资料并分析出内在规律。例如，"咪蒙"公众号主理人马凌以前标题写得不够好，就专门搜集了上千个好标题，然后归纳、梳理，总结出标题的37种取法。又如，马凌以前写剧本的时候，总是写不好搞笑的部分，她一发狠，看了大量喜剧，如《老友记》《老爸老妈的浪漫史》，从而总结出52个笑点设计模式。

（二）刻意练习

心理学家 Ericsson 的研究发现：决定伟大水平和一般水平的关键因素，既不是天赋，也不是经验，而是"刻意练习"的程度。例如，比较两个文案人员水平的高低，并不能简单地通过工作经验来评判，他们的能力取决于各自"刻意练习"的时长，如表 4-2 所示。

表 4-2　两个文案人员的工作经验及刻意练习时长对比

人员	工作经验	刻意练习时长
小明	8 年	1 000 小时
小芳	3 年	2 000 小时

究竟什么是"刻意练习"，"刻意练习"是指为了提高绩效而被刻意设计出来的练习，它要求一个人离开自己熟练和舒适的区域，不断地依据方法去练习和提高。

那么如何进行"刻意练习"？李靖在其文章《为什么你有10 年经验，但成不了专家？》中给出的步骤是：①避免自动完成；②离开舒适区；③牺牲短期利益；④大量重复性训练；⑤持续地获得反馈。那么，什么是"避免自动完成"？例如，一个编辑开始学习微信公众号的时候，会刻意地记忆和思考拟定什么样的标题能使文章的阅读量提高。不过，随着工作的不断重复和熟练程度的加深，这个编辑就会在某一天减少或停止了思考——这就是所谓的"自动完成"。这也是为什么大部分人在文案岗位上工作多年之后，就陷入能力增长的"瓶颈"。而真正的顶尖文案，从来不允许自己进入这种"自动完成"的状态——每写一篇微信文章，都会刻意去思考标题如何还可以拟定得更好。

什么样的文案训练才算有效的"刻意练习"，笔者以一个表加以说明，如表4-3所示。

表4-3　传统练习与刻意练习

项目	传统练习	刻意练习
目标	×	√
导师	×	√
反馈	×	√

当笔者展示这个表后，一位学员感慨道："原来我高中练习写作文才是真正的刻意练习呀。"如表4-4所示。

表4-4　一位学员的作文训练

项目	作文训练
目标	获得高分
导师	语文老师
反馈	作文分数

难道不是这样吗？在作文训练中，针对偏题的学生，老师会讲解作文审题的方法；针对举例空洞的学生，老师会让其背记作文素材。而在"刻意练习"之后，学生的作文分数也提高了。

那么针对文案写作,该如何"刻意练习"?

例如,佩弦文案课堂针对标题培训,设置了 4 个阶段让学员进行"刻意练习",如图 4-1 所示。

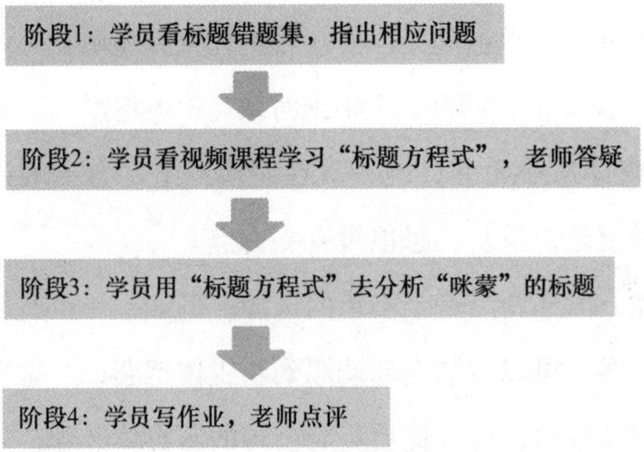

```
阶段1:学员看标题错题集,指出相应问题
            ↓
阶段2:学员看视频课程学习"标题方程式",老师答疑
            ↓
阶段3:学员用"标题方程式"去分析"咪蒙"的标题
            ↓
阶段4:学员写作业,老师点评
```

图 4-1 "刻意练习"的 4 个阶段

跳槽等于跳出舒适区?

为什么会提出这个问题,因为笔者发现不少文案新人将跳槽看作跳出舒适区的唯一途径。其实,抱着逃离心态的跳槽不等于跳出舒适区。与其撂摊子走人,不如试试以下两种方法。

1. 把当下的事情从 60 分做到 90 分

"咪蒙"公众号主理人马凌在文章《我为什么辞掉稳定的工作》中写道:"当你发现完全能胜任自己的工作的时候,你就该换个工作了。因为一旦你不焦虑了,你就不会再有进步了。你不需要面对任何新挑战,这种工作状态是危险的。"注意,马凌此话的前提是"完全能胜任自己的工作的时候",马凌在

《南方都市报》坚持了 12 年。反观那些一言不合就提出辞职的人，当前的工作往往完成得不够好。

2. 申请内部调岗或竞聘

"黎贝卡的异想世界"公众号主理人方夷敏在《南方都市报》担任首席记者期间，8 年跑时政，6 年跑娱乐、跑电影，14 年的媒体从业生涯，她一直在变换跑道。方夷敏认为相比舒适，她更恐惧重复，恐惧没有兴奋点。

因此，内部调岗是个不错的选择。例如，一位有两年经验的电商文案，可以申请内部调岗到新媒体运营；一位有 5 年经验的新媒体编辑，可以提出竞聘公司的新媒体经理。

（三）时间管理

时间管理理论有不少，下面介绍的是适合文案工作者的四大时间管理法则。

1. SMART 法则

在做计划时，人们设定目标时经常会犯一些基本的错误，即过于理想化、不符合客观情况、不容易执行落实，因此计划容易变成一种"美好的愿望"。20 世纪 70 年代，一位美国人为设立目标创制了一个简单而容易遵循的规则——SMART 法则。如果按照 SMART 法则来设定目标，实现的可能性就大大增加了，如表 4-5 所示。

表 4-5　SMART 法则

维度	含义
Specific	目标一定要明确，不能模糊
Measurable	目标的可度量性。制定的目标一定是可以度量的
Attainable	目标的可实现性。一个目标必须是可以实现的，或者说经过努力是可以实现的
Relevant	设定的目标是与其他目标相关联的
Time-bound	目标必须具有明确的截止期限，即一个目标只有在一定的时间内达成才有意义

万达集团董事长王健林曾说过："很多年轻人有自己的目标，例如想做首富。这个想法是好的，但是最好先定一个小目标，比如说我先挣一个亿。看看能用几年挣到一个亿，是规划 5 年还是 3 年。这个目标达到以后，下一个目标，再奔 10 亿元，100 亿元。"

文案写作者如何给自己制定一个符合 SMART 法则的"小目标"呢？有不少学员觉得写出阅读量 10 万+次的文章对自己来说是天方夜谭，那不妨先降低门槛，从阅读量 1 万+次起步，每周逐步提升。

2. 专注法则

有个游戏术语为"多线操作"，是属于高级游戏玩家的技能。工作中常见的"多线操作"情况是：边写稿边聊微信，工作时 2/5 的时间打王者荣耀，1/5 的时间吃零食，剩下 2/5 的时间仓促赶稿，这都属于低效的工作习惯。

大家还记得"小和尚和老和尚"这个故事吗？小和尚问老和尚："师父，您开悟前每天做什么？"老和尚："挑水、劈柴、做饭。"小和尚："开悟后呢？"老和尚："挑水、劈柴、做饭。"小和尚："那开悟对你来说没有任何改变啊？"老和尚："开悟前，我挑水的时候想劈柴，劈柴的时候想做饭；开悟后，我挑水的时候想挑水，劈柴的时候想劈柴，做饭的时候想做饭。"

"小和尚和老和尚"的故事告诉我们：一次专注于一件事效率更高。例如，"黎贝卡的异想世界"公众号主理人方夷敏写稿时，会把手机调成静音，放在一边，然后全心投入写稿。她不会开任何即时聊天工具，或者时不时地看各种网页，又或者边写稿边听歌之类的。因为很多思路或者情绪一旦被打断了，要想再次集中精神投入这件事情就没那么容易了。

3. 平衡法则

如何让生活和工作这个跷跷板平衡呢？

不少工作狂的焦虑是：每天这么忙，哪里还有时间吃喝玩乐？"黎贝卡的异想世界"公众号主理人方夷敏的秘诀是"把生活也纳入时间管理中"。方夷敏认为："我理想中的生活是，工作时尽情工作，玩的时候尽情玩。再忙都要有放空、阅读和娱乐的时间，再忙也要有时间约会、陪家人、跟朋友玩。因此，当日更新和连轴转的出差成为生活常态后，如果不想被工作挤占掉全部的时间和精力，我就必须想办法做好平衡。这样做了以后效果还是很明显的。例如，计划每年带家人出去旅行一次，那就提前排进今年的大事记。很开心今年的已经实现了，'五一'带妈妈去坐了游轮。"

4. 80/20 法则

80/20 法则的含义是做事时，要避免将时间花在琐碎的、产生不了多大价值的任务上。因为即使花了 80% 的时间，也只能取得 20% 的成效；应该将时间花在少数的重要任务上，因为只需花 20% 的时间，即可取得 80% 的成效。

那么文案人员如何在工作中应用好 80/20 法则呢？

例如，同样用 1 小时写微信文章，写正文耗费 59 分钟，留给构思标题的时间却仅 1 分钟，还不如花费 40 分钟写正文，花费 20 分钟好好构思标题。

学了这么多时间管理的法则，你是不是正跃跃欲试也要给自己做份计划呢？在做计划前，一定要清楚做时间管理的目的是什么。"黎贝卡的异想世界"公众号主理人方夷敏的答案是："时间管理是为了让我们生活得更从容，而不是更焦虑。"

三、成功方程式之天赋

人生和工作的结果 = 思维方式（-100～+100） × 努力（0～+100） × **天赋（0～+100）**

在"成功方程式"中，"天赋"是指才能、智力、体魄等先天资质。

"咪蒙"公众号主理人马凌在采访了很多人后感慨道："很多中国人都是这样，特别特别晚才发现自我。"Ken Robinson 在 TED 演讲《展开学习革命》中说道："很多人尽其一生也不清楚自己的才华在哪里，有的人擅长且热爱自己所做的事情，无法想象自己在任何其他行业会是怎样的；但有的人却在忍受而不是享受工作，总是无比期待周末的到来。"

如何找到自己的天赋呢？作家韩寒曾说过："每一个人，纵然缺点一身，但必然有一些地方是长于他人的，那是你区别于他人的'标记'，也是造物者公平的地方，就看你能否找到这些'标记'。"王晓磊、方夷敏就找到了自己的"标记"。

金庸的小说是"六神磊磊读金庸"公众号主理人王晓磊找到的"标记"。王晓磊曾说过："（金庸的作品）像是一个好玩的房间，有很多门都通向未知。走进去，会发现越来越多好玩的房间。"王晓磊会因为看了《射雕英雄传》《神雕侠侣》《倚天屠龙记》对宋史产生兴趣从而读了很多有关宋史的书，会因为看了《越女剑》而对唐传奇感兴趣，又去搜罗有关唐传奇的书。王晓磊还将"标记"比作"火山":"找到自己的火山,你才会有无限的熔岩。不知不觉中花了很长时间把工作完成了,在这个过程中,你没有痛苦也没有刻意。很多时候选题的产生就像是一种应激反应,自然地流淌出来。"

时尚是"黎贝卡的异想世界"公众号主理人方夷敏找到的"标记"。方夷敏曾说过:"我本身就很喜欢关注时尚方面的内容,我自己也很喜欢买,很喜欢陪别人逛街,很享受看到别人因为我挑选的衣服而变得比较好看的那种感觉。所以准备开号的时候,我首先想到的就是我喜欢做的这个。"

那么,普通人该如何找到自己身上的"标记"呢?此问题的最佳答案就是美国原始派画家摩西奶奶的名言:"你最愿意做的那件事,才是你真正的天赋所在。"

为什么自媒体红人都是打了鸡血的工作狂?

每天坚持更新公众号对脑力和体力的消耗可不小,不过为什么自媒体红人像打了鸡血的工作狂?对此,笔者总结了4点。

第一,找到了自己的"标记"。 那种感觉,就像在茫茫人海中找到真爱的快感。正如"咪蒙"公众号主理人马凌所说:"我做自己喜欢的事儿,我为之狂热,为之快乐啊。"

第二,从事喜欢或者创造性工作不容易累。 芝加哥大学心理学家米哈伊·奇克森米哈伊提出了"心流(Flow)"的概念,描述了这样一种状态:一个人完全沉浸于某项工作,时间仿佛缓慢下来,人的心情变得非常愉快,工作似乎不费吹灰之力。

"王左中右"公众号主理人王国培也说过:"因为这是发自心底的热爱,因为有时候是这样的。做事情很容易做累,特别是一直做一件事情的话,会产生疲劳,包括用户也会产生疲劳,但只要你真正地喜欢的话,做完之后带来的满足感会抵消掉你的疲劳。"

第三,写作会带来成就感。一方面是作品被读者阅读会带来满足,正如"咪蒙"公众号主理人马凌所说:"知道自己每一篇稿子都有几百万的人等着看,我这种天生的人来疯,一下子就来劲了。"另一方面是文章给读者带来正能量、带来价值感。例如,"咪蒙"在推送文章《你觉得为时已晚的时候,恰恰是最早的时候》以后,有粉丝报名考研,成功考上了中国人民大学。"咪蒙"公众号主理人马凌为此感慨道:"你要问我写作的意义,其实在这些反馈中,我获得了巨大的价值感,这也是我投入下一次写作的力量源泉。"

第四,分享产生乐趣。"黎贝卡的异想世界"公众号主理人方夷敏说过:"虽然很累,却很开心。这种开心不光是来自点击率所带来的成就感,还有来自后台读者们的各种鼓励和打气。每个推送发出后,后台都能收到几百条消息。以前每年娱乐部开年会,都会讨论同一个问题:我们的读者到底爱看什么?每次讨论到最后还是茫然,因为我们并不知道我们的读者究竟是谁,更无从分析。但微信公众号则不同,所有的反馈都很直接。这就是分享的乐趣。"

四、成功方程式之乘法法则

人生和工作的结果 ＝ 思维方式（−100 ~ +100） × 努力（0 ~ +100） × 天赋（0 ~ +100）

乘法法则第一条：优秀是一种习惯，重复产生价值

在"成功方程式"中，"思维方式"的值在 −100 ~ +100，"努力"的值在 0 ~ +100，"天赋"的值在 0 ~ +100，一个人要想提升这 3 项能力值的大小，需要反复练习。

古希腊哲学家亚里士多德说过："每天反复做的事情造就了我们，然后你会发现，优秀不是一种行为，而是一种习惯。"爆款文章作者的写作绝技都是短时间内练成的吗？正如周星驰在《整蛊专家》中的经典台词："其实（跳舞）这功夫，并不是一朝一夕的，我也是经过长年累月的苦练，用血汗和眼泪，加上不屈不挠的精神，才取得今天的成就，你刚才看见了。"

"知乎"上有人提问：一个没有太强写作天赋的人，如何把文笔练就得像"王左中右""六神磊磊读金庸"那么厉害？"王左中右"公众号主理人王国培亲自回答："写字这件事情，其实和很多事情一样，都逃不开'熟能生巧'这 4 个字。我也一直信奉'重复'的价值。当你有耐心、有毅力把一件小事重复几年或几万遍的时候，'化学反应'就会发生了。所以如果你也想从事写字这个行当，我的建议很简单，就是这样每天不停地写，写上3年。"

乘法法则第二条："思维方式"为负，结果为负

在"成功方程式"中，"努力"和"天赋"皆为正值，唯独"思维方式"有正值、负值两种结果，如果一个人在"思维方式"上产生偏差，则公式结果为负数。

例如，"咪蒙"公众号主理人马凌在创业初期就违背了"乘法法则"。据马凌回忆说："那时候，我忙着建设公司的企业文化：快乐、成长及炫耀。我忙着一个人身兼数职：营销、发行、拉广告。"对此，马凌痛苦反思："当你在某个行业积累不够，你就想靠这个行业赚钱，这个出发点本身就不端正，你轻视了在这个行业工作了很多年的人。你都没有积累，就想超越别人，这个出发点太可怕了。创业初期，我们唯一该做的，就是做好一款核心产品。用尽全力，把核心技术做到比同行高10倍，高度聚焦、单点突破，公司才有立足之地。"

在商业策略上，"李叫兽"就遵循了"乘法法则"。

"李叫兽"公众号主理人李靖在《职业生涯真的可以被规划吗？》一文中分享了自己的三大策略：商业分析自媒体、写书、做互联网营销项目，如图4-2所示。而这三大策略都是可以互相协同和加强的。例如，写书和自媒体可以给互联网营销项目带来更多知识技能和机会，做项目可以给写书和自媒体带来案例和经验，自媒体可以给书籍带来销量，书籍可以给自媒体带来粉丝，同时二者都需要学习新知识并相互补充。

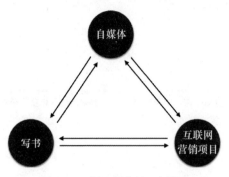

图 4-2 "李叫兽"的三大策略

课后习题

文案人员如何用好"成功方程式"?

参考答案

根据"成功方程式"中"思维方式""努力""天赋"3项指标进行自检,尤其在"思维方式"出现偏差时要及时纠错。

第五章

教你写段子，成为段子手

> **摘要**
>
> 酸　高手写段子，读者笑哈哈；菜鸟写段子，读者"黑人问号脸"。什么是差距？这就是差距。
>
> 甜　总结段子创作的原则和段子写作的公式。
>
> 苦　怎样让文笔风趣幽默？一个段子手的自我修养有哪些？如何培养讲笑话的能力？
>
> 辣　为你总结"银教授吐槽""衣锦夜行的燕公子""咪蒙"的段子创作套路，姜还是老的辣。
>
> 咸　教你17种写段子的幽默技巧，9种修辞技巧，逗乐读者助你"咸鱼翻身"。

第五章 教你写段子，成为段子手

一、段子写得好是一种什么体验

1. 段子写得好，做广告也优雅

例如，"银教授吐槽"主理人阿银写段子为自己的公众号打广告：

看完电影回家的路上，遇到一个持刀劫匪，他说："把你最值钱的东西掏出来！"

于是我掏出一张支票写给他。

"这写的是什么？"

"我的微信公众号 yinjiaoshou886。"

"有个朋友姓关，取什么名字好？"

"关注 yinjiaoshou886。"

最近发生了三件让我很生气却又不知道赖谁的事。

一件是带了充电宝没带数据线。

另一件是充电宝和数据线都带了，但充电宝没电。

第三件是你还没有关注 yinjiaoshou886。

又如，阿银写段子为自己的新书《别走，万一好笑呢》打广告：

虚竹不小心中了丁春秋的三笑逍遥散，只要笑三声就会立刻毙命。为了保命，虚竹整天阅读《别走，万一好笑呢》。

又是情人节了,有人买金,有人买银,有人买花,为什么不一次买齐呢?现在我给大家推荐一款三合一的礼物,那就是《别走,万一好笑呢?》。

2. 段子写得好,机智神回复

例如,"顾爷"的机智回复:

记者:你觉得绘画圈内的专业人士是怎么看你的?

"顾爷":把我当圈外人士看。

记者:平时这么"卖萌",生活中是个感性的人吗?

"顾爷":我生活中是个性感的人。

记者:写一篇这样的长微博,你大概需要多久时间来准备呢?

"顾爷":一首歌的时间。

3. 段子写得好,活动人气旺

例如,"咪蒙"在征集活动前先讲了个段子:

前几天我梦见自己怀了二胎。10个月之后,我生了,生了一锅小龙虾,还是麻辣味的。我一直很苦恼,不知道怎么跟唯唐说你要给小龙虾当哥哥了。果然是"日有所吃,夜有所梦"。同学们,你们有做过什么奇葩的梦吗?

又如,"咪蒙"另一条征集活动的段子:

今天被抽屉里的一张照片吓了一跳。这胖大妈是谁?仔细一看,是我的证件照。平时拍照,靠头发遮脸和大规模PS,勉强还能骗骗人。证件照直接打回原形啊。同学们，你们的证件照和本人差别大吗？如果差别大，能把证件照和日常照发过来吗？

4. 段子写得好，道歉易接受

例如，"咪蒙"稿子写砸了向粉丝道歉：

对不起，我今天的稿子写砸了。写完之后，发现写得好烂啊。实在没脸发。毕竟，我也是有偶像包袱的宇宙第一网红。我会乖乖滚回去重写的。

二、段子创作的两个原则

读者为什么会坚持订阅段子手的公众号？正如喜剧演员陈佩斯所说："他们不是冲我来的，是冲着笑声。因为我曾经给他们带来笑声，他们对我就有一种期待。"同理，读者被搞笑的段子逗乐，于是就期待天天开心。

（一）原则一：明确目的

写段子的目的是什么？是教育读者吗？是提升读者的欣赏水平吗？是作者自己炫耀技能吗？

好莱坞编剧理查德·沃尔特教授曾说："剧作家首要的、基本的任务就是为普通人在每天按部就班、不可避免的沉闷生活中提供消遣。"相声表演艺术家郭德纲对那些试图教育人的

"严肃相声"说:"先搞笑吧,再不搞笑就太搞笑了。""咪蒙"公众号主理人马凌也曾说过:"观众不是没有智商,而是不一定愿意把智商花在娱乐上。我上班已经很累了,下了班就想看点轻松的、舒服的、不动脑子的,不行吗?"因此,写段子就一个目的——让读者开心。

(二)原则二:面向大众

"王左中右"公众号主理人王国培说过:"娱乐需求永远是最大众的。"正因为面向的是大众,而不是小众群体,所以写段子要做到语言口语化和内容生活化。

1. 语言口语化

相声表演艺术家郭德纲总结讲相声的心得是:"说好相声的人不急,慢悠悠来,像跟你唠家常。"同样地,写段子也要做到语言口语化,让普通人都能听得懂。

2. 内容生活化

美国热门情景喜剧《老友记》、中国经典情景喜剧《我爱我家》,都是讲普通人的故事,让每个普通人都能从中找到共鸣。同样地,写段子也要做到内容生活化。"咪蒙"公众号主理人马凌的写作就曾经历了3次转变:第一次是在《南方都市报》的时候,面向大众写作,不再显示自己读书多;第二次是给《独唱团》写稿，输出自己认为幽默、有深度的内容；第三次是写公众号文章，用户体验代替了自我表达。

三、段子方程式

笔者对"银教授吐槽""衣锦夜行的燕公子""咪蒙"的段子做了专项研究，总结出一套写段子的公式：

"笑果" ＝ 笑点 × 相关度 × 戏剧性 × 技巧

（一）段子方程式之笑点

"笑果" ＝ 笑点 × 相关度 × 戏剧性 × 技巧

笑点是一个笑话之所以好笑的关键所在，传统民间艺术称之为"包袱"。

写段子找笑点的方法是什么？是绞尽脑汁去思考就能找到吗？我们先来看一个例子。

周幽王喜爱一个女子——褒姒，她长得很美，却不爱笑。周幽王想：褒姒这么美的女人不愿意笑，那可多可惜啊！于是周幽王派人贴出告示：谁能让褒姒笑，就可以得到千两金子。许多人都来试试，可没有一个人成功。忽然有一天，一个大臣虢石父想出了一个主意，周幽王听后觉得不错，于是就派人在烽火台上点火。各个诸侯王都带领人马匆匆来救，结果并没有敌人。褒姒看到这种情况，开心大笑。于是周幽王赏给虢石父千两金子。诸侯王在被周幽王戏弄后，渐渐不再来，最终周幽王也在无兵来救的情况下被犬戎杀死。

周幽王达到了博美人一笑的目的，但是却不顾诸侯王的感受，戏弄了诸侯王，最终招致杀身之祸。写段子要注意原则和尺度，不能伤害别人，"把自己的快乐建立在别人的痛苦上"这种思想是不对的。

另外，大多数写段子的新人都会犯一个错误，即只知道冥思苦想"哪些事好笑有趣"，这属于缘木求鱼。要想戳到读者的笑点，只有通过两种方式，其一是洞察喜剧人物的痛点，其二是提炼喜剧人物的槽点。

1. 洞察喜剧人物的痛点

"银教授吐槽"公众号主理人阿银说过："世上没有喜剧，只有两种悲剧，一种好笑，一种不好笑。"简言之，喜剧的内核是悲剧，要戳到读者的笑点，需要洞察喜剧人物的痛点。阿银写的段子，几乎都是刻画小人物的悲惨心酸事，如被打、穷困、跳楼等。例如：

有一次放学后，我被人打得乒乓响，那一刻我觉得自己是个响当当的人物。

"你这么穷，为什么还生这么多孩子？"

"穷人的孩子早当家,就靠他们了。"

"落地了记得报个平安",我对正在跳楼的李建军说。

2008年,初到深圳打工的阿银生活艰辛,一天晚上喝多了,阿银在公交车站遇见一个醉鬼,对方一把拦住阿银说:"哥们儿,生活太不容易了,这钱你拿着。"

阿银当时心想:"说得太准了!你怎么知道我生活不容易?"醉鬼真的塞给阿银一把钱。后来阿银才知道,如果在深圳随便找一个人,问他生活是否容易,答案都会是不容易。事后,阿银回想起2008年最温暖的回忆,竟然是来自一个陌生的醉鬼。之后阿银把这个情绪提炼出来,写了这么一个段子:

刚才去商场的洗手间,坐在马桶上,发现马桶圈上还有前一个人的余温,我没忍住哭了起来,这是我第一次在这座城市感受到温暖。

2. 提炼喜剧人物的槽点

槽点是指喜剧人物身上与主流违和的言行或特征,如女性的肥胖、中年男人的脱发、大龄青年的单身都属于槽点。

需要注意的是,写段子时作者"吐槽"的对象不能是残疾人等弱势群体。

吐槽对象有两类,一类是有一定地位或权势的人物。另一类是作者自己,即作者进行"自嘲"。例如,喜剧脱口秀节目《吐槽大会》,每一期节目都会邀请一位话题名人,如"papi酱"、郎朗、刘嘉玲等,让他们自嘲和接受别人的调侃。

(二)段子方程式之相关度

"笑果" = 笑点 × **相关度** × 戏剧性 × 技巧

段子内容相关度强,第一层含义是指与读者经历、兴趣相关。例如,爱看"姜茶茶"写段子的粉丝多是广告圈人士,爱看"顾爷"写段子的粉丝以喜爱艺术的文艺青年居多。

第二层含义是指段子的内容应该大众化。小众的、古老的,掺杂了作者个人的特殊经历,或者在逻辑理解上需要绕点弯的高端笑话,效果都不会好。例如,"衣锦夜行的燕公子"的女粉丝居多,"衣锦夜行的燕公子"设置的梗便会迎合女性粉丝的兴趣喜好,如亲妈梗、熊孩子梗、宠物梗等。

1. 亲妈梗

"衣锦夜行的燕公子"用"亲妈梗"写的段子:

看完《非诚勿扰》,我妈刚刷完牙躺在床上,突然说:"哎,阳台上衣服没有收进来哦。"我爸说:"我去吧,你去蚊子会叮你。"我妈说:"可是你怕黑啊,阳台好黑。"我心想,秀恩爱真是够了!收个衣服,又不是去炸碉堡!然后就听见我妈说:"叫女儿去吧。"我爸说:"好。"

前几天有人找我当伴娘，我说我都当了 3 次了，不能再当了。超过 3 次就嫁不出去了。我妈说："没事儿，反正也嫁不出去，不如去做点好人好事。"

俺娘和俺姨妈在视频通话，我妈说："哎，我最近买了一件衣服可好看了，给你买一件呗。"说着拿出来对着摄像头展示。我姨妈："哎，真挺好看的。多少钱？"我妈："没多少钱，我送你。"我姨妈："不行，不收钱我就不要。"我妈灵机一动："要不，让燕燕在网上给你买，咱俩都不用出钱。"

2. 熊孩子梗

"衣锦夜行的燕公子"用"熊孩子梗"写的段子：

我家外甥已经成功长成一个熊孩子。近来打多了游戏，感觉自己是个僵尸，到处咬沙发、咬墙壁、咬凳子，还咬哭了好几个小朋友。他爹妈已经在认真考虑是不是卖掉一套房去搞个养鸡场。以后提着鸡蛋去人家里道歉的日子还长着呢。吃晚饭时他咬了我，被我奋勇咬回去，把他咬哭了。他现在很信任我，觉得小姨也是僵尸。

旁边的妈妈在给熊孩子讲"程门立雪"的故事。讲道：他们看见老师在忙，就在门口静静等待，身上落满了积雪。熊孩子插嘴道：鸡血？老师忙着在杀鸡吗？是老师泼他们身上的吗？——教育孩子真的很不容易！

从厕所出来，洗手，旁边一个小孩在玩烘手机。我洗完也去烘，小孩很不满意我打扰他："你干吗不用那边那个。"我给他个白眼："我就喜欢用这个，怎么样！你管我哦！"小孩瞪我："幼稚！"然后气呼呼走了。第一次战胜熊孩子！

3. 宠物梗

"衣锦夜行的燕公子"用"宠物梗"写的段子：

头好痛，"白居易"太蠢了。前天玩百叶窗旁边拉帘子的链子，缠身上了，跳下来差点勒死自己；昨天开始玩插座，好几次伸爪想塞进插座洞里，好怕它电着自己。我累了……

每次快递员按门铃而我在上厕所的时候，我都忍不住对"白居易"吼一声：要你何用！

（三）段子方程式之戏剧性

"笑果" = 笑点 × 相关度 × 戏剧性 × 技巧

古希腊哲学家亚里士多德说过："幽默的秘诀是出人意料。"一个段子是一个喜剧故事的浓缩，自然要带有戏剧性才能感染读者。要使段子带有戏剧性有以下4种方法。

1. 人设崩塌

人设崩塌是指人物形象没有扮演好，与身份不符。

第五章 教你写段子，成为段子手

例如，乞丐的人设是贫穷的、懒惰的，但是"银教授吐槽"公众号主理人阿银却塑造了一个"不差钱"的乞丐：

深圳街头遇到一个乞丐，我给了他一块钱，顺便问了句："为什么不回老家过年呢？"

他说："把家里人都接过来了，因为去年买了套大房子。"

除夕之夜，看到一个乞丐坐在路边，他面前放着一张白纸，上面写着一行字："求好心人对我说一句新年快乐。"

街头看到一个乞丐，竟然在用 iPhone X，我问："你用得起这个，为什么还要乞讨？"乞丐说："给我两块钱，我告诉你。"我掏出两块钱给他。他说："已经有 5 000 个人付费问我这个问题了，这就是付费问答的魅力。"

街头看到一个乞丐，我问他："你有手有脚的，为什么要当乞丐？"他说："因为我想当一个有手有脚的乞丐。"

阿银是怎样想到塑造乞丐这个创意的？阿银解释说："有一次我出门逛街，看到路边有个乞丐，本来这是很平常的一件事，但是我发现这个乞丐有点胖，这就奇怪了。传统的乞丐不应该是瘦骨嶙峋的吗，为什么这个乞丐有点胖呢？我想了一下，觉得是因为这个乞丐没有钱去健身房。这个东西未必有多好笑，但却是一个比较独特的点。"

2. 雪上加霜

雪上加霜比喻接连遭受灾难，损害更加严重。如果作者在喜剧人物的伤口上再撒点盐，能让段子的"笑果"加倍。

例如，"银教授吐槽"的段子：

"小时候家里穷。"

"羡慕，我都没有家。"

又如，"衣锦夜行的燕公子"的段子：

我说廊坊是山东的，我女朋友说是河北的。我说不可能，山东的。女友说：赌10块钱。我说：赌10万块钱。她被我的气势吓住了，说算了，不赌了。过了一会儿，她实在憋不住，用百度一查真是河北的，气得捶地。我和小熊说我给他省了10万块钱，小熊一听冷冷地说，山东那是潍坊！哈哈哈哈！

关于美术天分这件事，我想我是完全没有的。记得小学交美术课的作业，我的画丑得老师不忍拿出来骂我，因为她实在看不懂是什么。后来期末考试，涉及要评"三好学生"，她让我重画，我做完家庭作业一边哭一边画，还是丑得要死。我爸看不下去了，通宵帮我画了一幅，也没有及格。

3. 重复

美国作家马克·吐温曾说过："在幽默的领域里，重复的威力是很大的。几乎任何一个用词，只要每隔一段时间郑重地重复五六次,最后总是逼得人家忍不住笑起来。"

例如,阿银在自己的微博上用"我今天才知道,女生是可以单独洗刘海儿的"段子来调侃自己的孤陋寡闻,并在接下来的十多天时间里在微博上重复提及此内容,如表 5-1 所示。

表 5-1 微博发布时间及微博内容

微博发布时间	微博内容
2017 年 6 月 29 日	我今天才知道,女生是可以单独洗刘海儿的
2017 年 6 月 30 日	我昨天才知道,女生是可以单独洗刘海儿的
2017 年 7 月 2 日	我大前天才知道,女生是可以单独洗刘海儿的
2017 年 7 月 3 日	我 4 天前才知道,女生还可以单独洗刘海儿
2017 年 7 月 4 日	我 5 天前才知道,女生还可以单独洗刘海儿
2017 年 7 月 5 日	我 6 天前才知道,女生还可以单独洗刘海儿
2017 年 7 月 6 日	我 7 天前才知道,女生还可以单独洗刘海儿
2017 年 7 月 7 日	我 8.5 天前才知道,女生还可以单独洗刘海儿
2017 年 7 月 10 日	我 11 天前才知道,女生还可以单独洗刘海儿
2017 年 7 月 12 日	起床了。我昨天忘记说我 12 天前才知道,女生还可以单独洗刘海儿了。可惜
2017 年 7 月 13 日	我昨天忘记说我 13 天前才知道,女生还可以单独洗刘海儿了。可惜
2017 年 7 月 13 日	打游戏时被我爸骂了:"一天到晚就知道打游戏,除了打游戏你还知道啥?""我知道女生可以单独洗刘海儿。"
2017 年 7 月 14 日	那天我问她为什么单独洗刘海儿,她说一个人久了,做什么都是单独
2017 年 7 月 15 日	去理发店洗头,一问竟然要 20 元这么贵。"10 元可以吗?""可以单独洗刘海儿。"

为什么重复可以产生幽默效果？全美喜剧节冠军黄西在《黄瓜的黄，西瓜的西》中以相声举例子："扣题是单口相声中的一个技巧，就是先讲一个笑话，几分钟以后，再把之前讲的笑话的部分内容重复一次。我当时觉得把一个笑话用两次有点偷懒，但是托尼跟我讲，观众非常喜欢扣题，因为用了扣题，观众就会觉得他们自己也在故事当中，这样单口相声演员和观众的关系就会更近一些。"

4. 结局反转

结局反转是指在结尾部分设置一种让读者始料不及、完全没有准备的剧情。在写此类段子时，需要在前文铺垫好，然后结尾时"神转折"。

例如，"银教授吐槽"的段子：

8岁那年，我爸教育我："在外面千万不要说咱家有钱。"
我懵懂地点了点头："是因为做人要低调吗？"
"是因为咱家没钱。"

梦到自己过气了，醒来后发现虚惊一场，原来从未红过。

"上届奥运会，我朋友收获了三金四银两铜。"
"什么项目？"
"盗窃。"

(四)段子方程式之技巧

"笑果" = 笑点 × 相关度 × 戏剧性 × 技巧

技巧可以分为幽默技巧和修辞技巧。

1. 幽默技巧

幽默技巧 1：词语错搭。

语文考试时词语搭配不当会丢分，但是写段子时词语错搭会让读者发笑！

例如，"咪蒙"使用"词语错搭"技巧写的段子（注意句中括号里的形容词在其语境中的魅力）：

我检讨，我（专心）去哭了……

我就想（光明正大）地让前任后悔！

你凭什么穷得（心安理得）？

幽默技巧 2：乱入。

乱入是指不应该出现的事物或词语出现在不应该出现的地方，乱入是恶搞的一种桥段。

例如，"银教授吐槽"使用"乱入"技巧写的段子：

我喜欢红茶加奶、威士忌加冰、盖尔·加朵。

幽默技巧 3：曲解名言。

名人名言往往都是很正经的，但是如果利用不正经的方式来解读，打破常规的结果往往让人发笑。

例如,"咪蒙"使用"曲解名言"技巧写的段子:

米兰·昆德拉说,幸福就是对重复的渴望。难怪我们总是重复去一家餐馆,重复买一类衣服,重复遇上同一类人渣。

刘瑜写了一篇文章《语言的贫困》,阐释语言和思想的互相制约和互相影响。我虔诚地读完了,得出的结论是,嗯,必须思想和语言双重猥琐才行啊!

王小波说,人与人之间最大的差异是知识。看了鹿晗,我觉得,人与人之间最大的差异是颜值。

殊途同归,曲解俗语也有相似的"笑果",如"银教授吐槽"的段子:

如果贫穷限制了你的想象力,为什么你还能想出那么多省钱的办法?

萝卜青菜,各有所爱,我选择吃肉。

黑夜给了我黑色的眼睛,我却用它来寻找手机、眼镜、钥匙、钱包。

幽默技巧4:结论+荒诞解释。

提出结论在前,荒诞解释在后,"结论+荒诞解释"的句式,其使用鼻祖是美国导演伍迪·艾伦:

我为自己的金怀表感到很自豪。在我爷爷临死之前,他把这只表卖给了我。

我的反应能力很差。有一次我被一辆车轧了,这辆车正由两个人推着走。

又如,"银教授吐槽"使用"结论+荒诞解释"技巧写的段子:

"工作使我快乐。"

"那你怎么不去工作?"

"我想当个忧郁男孩。"

女人的话不能信,真的。从小到大,我喜欢的女孩子全都说不喜欢我,这也太会说谎了吧?我肯定不信啊。

喜欢谁就去表白吧,失败了也没人知道,因为被你表白更丢人,对方是不会到处说的。

再如,"衣锦夜行的燕公子"使用"结论+荒诞解释"技巧写的段子:

一个小小的忠告:今日事今日毕,明日事明日做!千万不要提前做。例如,刚才准备明天的便当可乐鸡翅(不是姜汁可乐),现在已经吃光了。

我觉得电器都是通灵的,我家的厨房灯接触不良,经常按了开关半天不亮。叫了3次物业来修,每次物业一来,灯就好得很。我真的不是对物业小哥有意思!我要被一盏灯给整死了!

我觉得游泳减肥一定是个骗局。游完后我一个人吃了一条3斤的清蒸多宝鱼,一盘牛肉,还有一盘蔬菜沙拉,1/4个西瓜,以及一瓶啤酒。然后有点困了。

幽默技巧5：俚语改编。

对生活中的俚语进行趣味改编，破坏原有规则，也是段子手常用的幽默技巧之一。

例如，"衣锦夜行的燕公子"使用"俚语改编"技巧写的段子：

话说得好，男神也能追到手；不会说话，煮熟的吴彦祖放在你面前也会飞走。

已经没有办法好好唱周杰伦的歌了：手牵手一步两步，似魔鬼的步伐。

我们的征途是星辰大海，我们的目标是没有蛀牙，我们的未来是所有你想泡的男人都能得手。

又如，"咪蒙"使用"俚语改编"技巧写的段子：

人在胖，天在看。

嫉妒使人进步。

笑点不同，不相为谋。

不要让孩子输在道德的起跑线上。

没有在高铁、出租车、飞机场写过稿的人不配谈粉丝量。

幽默技巧6："人艰不拆"。

"人艰不拆"，意思是"人生已经如此艰难，有些事情就不要拆穿"了，其引人发笑的原理是幸灾乐祸。

例如，"银教授吐槽"使用"人艰不拆"技巧写的段子：

你最难忘记的那个人，通常会很快忘记你。

但凡能找到一个可以倾诉的人，你也不会在朋友圈分享音乐了。

你真正的烦恼，不是脱发，而是那些让你焦虑到脱发的事情。

你的意中人是一位盖世英雄，可惜盖世英雄的意中人不是你。

幽默技巧7：幻想。

"幻想"让人发笑的原因是，人物不切实际的幻想更能对比出自身处境的窘迫。

例如，"银教授吐槽"使用"幻想"技巧写的段子：

我在最好的时光没有钱，而现在有钱了却没有你，但一想到自己有钱，又忍不住偷偷笑了起来。

摆在你面前的是两个按钮，按第一个按钮，你会得到1 000万元。按第二个按钮，你会被闹钟吵醒。

又如，"衣锦夜行的燕公子"使用"幻想"技巧写的段子：

东京街头真的有好多帅哥，我和我妹坐在新宿街头喝咖啡，看着人来人往，大概"恋爱—失恋—爱上新的"这个过程循环了800多次吧。

第二次遇见火车停运，合肥真的是不想让我走啊。（也可能是前夫挽留我，一个猜想，不一定对）

健身一定要给自己找乐趣。我发现跑步机上那个抓着测心跳的把手特别像麦克风。一边跑一边像开了次个唱，好累。尤其是手机里再下一点掌声音效。我都快被自己感动哭了：孤独站在这舞台，听到掌声响起来。我的心中有无限感慨，多少青春不再，多少情怀已更改，我还拥有你的爱。

打车，跟司机说："跟着前面那辆车。"师傅："好嘞，你们是执行任务吗？我们不能贴得太近，要不然会被发现；太远的话，红灯时我们就会被甩掉。"我："师傅，冷静一点，前面那辆坐不下了，我们只是一起去按脚。"

幽默技巧 8：心口不一。

"心口不一"的幽默技巧不仅能将喜剧人物的内心刻画得淋漓尽致，而且形成反差，引人发笑。

例如，"衣锦夜行的燕公子"使用"心口不一"技巧写的段子：

我买了爆米花吃，就是海底捞等位当零食吃的那种。觉得蛮好吃的，就顺手买了三包快递给我爸。我妈刚跟我说，我爸接到快递气哼哼地说，买这种东西给我干吗啦。我又不吃零食，骗小孩子的玩意儿，明天拿给我同事外孙。然后，一晚上就着电视剧已经吃完了两包。#男人六十岁也是幼稚鬼#

我们的行李箱都已经爆了，为了腾地方我勇猛地穿了两件T恤、三条内裤、两双袜子在身上，闺蜜默默地套上了她的皮夹克。我们就这样汗流浃背地踏上去罗马的路，并且互相发誓：绝对不再买了！

我妈可能是个段子手。刚问她："去旅游给您带点什么礼物啊？"她说："不用了，别乱花钱。看见啥便宜的、有特色的……"我接口："就给您买点？"她说："千万别买，肯定是骗子。贵的又不知道为啥那么贵的，给妈买点回来，妈好好研究一下。"

幽默技巧9：从字面理解。

语言的魅力博大精深，但是如果有人仅仅从字面理解语言的含义，会让旁观者觉得是"一根筋"而发笑。

例如，"银教授吐槽"使用"从字面理解"技巧写的段子：

如果你早点嫁给我，现在孩子都会打酱油了。可惜你不喜欢我，搞得我没有酱油吃，只能吃醋。

我有选择困难症，在面临"简单"和"困难"两个选项时，我总是选择"困难"。

又如，"衣锦夜行的燕公子"使用"从字面理解"技巧写的段子：

我正啃着鸡腿在小区里看热闹。有个七十多岁的老太太要离婚，大家都在劝：都这么大年纪了，吵吵闹闹也过了这么久了，干吗离婚呀，别闹了。老太太一边收拾东西，一边冷静地说："对啊，我都这么大年纪了，活不了多久了，还不能照我的想法过几天清静日子吗！"

公司小同事，相亲相了个IT男。她挺有好感的，问我怎么继续。我一想，快，把电脑搞坏，让他来修。如此几次，IT男面色很难看，我们都觉得这个男的不好，这么点小事都不愿意做，根本不爱你。终于有一天，IT 男崩溃了：我不会修电脑，我是个程序员。这是我第一次知道原来 IT 男还有细分种类！但是谁在乎啊！

幽默技巧 10：一本正经地胡说八道。

"一本正经地胡说八道"是指在正式场合不正经地说话，如医院、采访现场、面试地点、教室即为正式场合。

例如，"咪蒙"使用"一本正经地胡说八道"技巧写的段子：

这段时间一直肩颈痛，越来越严重，去协和医院检查，医生说："你这是因为长期坐在电脑面前，肌肉劳损……"我有点紧张，问医生："那我该怎么办呢？"医生说："呃，你这个情况，有点复杂，我建议你买一个香奈儿的包……"不愧是大医院，一下子就看出了病根。

今天面试，有个应聘者给我做了小龙虾带来，我当场就说："那还等什么，就招了吧。"同事刘小纯当场制止我，说："不行啊，老板，还是得再看看……万一做得不好吃呢。"真是家理性的公司。

唯唐上小学一年级，上课看漫画书，老师气得把他的漫画书扔了……我问他："为什么上课看漫画书啊？"他答："因为下课要玩别的，没空看漫画书了啊……"我想了想，竟无法反驳。

又如，"衣锦夜行的燕公子"使用"一本正经地胡说八道"技巧写的段子：

电梯修理工现在也很疯狂。上礼拜电梯坏了一台，只剩一台非常不方便。我就问修理工,要多久修好。他冷峻地说,十多天吧。没想到现在已经修好了,正好修理工在调试。我说:"这么快修好啦!不是说要十多天吗?"他依然冷峻地说:"给你一个惊喜!"我……

幽默技巧 11:本末倒置。

"本末倒置"是指把主要的和次要的、本质的和非本质的关系弄颠倒了。

例如,"银教授吐槽"使用"本末倒置"技巧写的段子:

昨天在电器商场,看到电视里讲一个男主角白手起家成为亿万富翁的故事,我便暗暗发誓,一定要努力赚钱,把这台两千块钱的电视买回家。

避免被剧透的唯一办法,是第一时间主动寻求剧透。要死也要死在自己手上。

你工作5分钟刷微博两小时,然后觉得时间不够用,没办法,只好把那5分钟也拿来刷微博了。

又如,"衣锦夜行的燕公子"使用"本末倒置"技巧写的段子:

闺蜜:"哇,怎么能像你一样把鱼汤煮成像牛奶一样白白的呢?"我:"放牛奶啊。"

每次我妈看见我蓬头垢面、双眼无光、口角流涎、疯狗一样赶稿时,总会悲痛万分地说:"当初不该让你认字啊,做个文盲多好！"

幽默技巧 12：一字之差。

差之毫厘，失之千里。高落差引起的"笑果"有时令人哭笑不得。

例如，"咪蒙"使用"一字之差"技巧写的段子：

有次去美国，我声称自己要减肥，去超市买盒牛奶当晚餐。不是听说美国的牛奶很浓很好喝吗？我一试，滴滴香浓啊！连续三天晚上都喝这种牛奶，爽！可是，三天下来居然胖了三斤！仔细一看，我喝的不是牛奶，是炼乳！炼乳英文貌似是"condensed milk"，我只看到"milk"就买了。

又如，"衣锦夜行的燕公子"使用"一字之差"技巧写的段子：

外甥看完金刚以后，意犹未尽，一直问我怎么擎天柱没出来。

啊，金刚和变形金刚，真的很容易让小朋友困惑啊。

男：等下接你吃饭。我：病了没胃口。男：给你买了包。我：好了，神采奕奕。男：给你买了包话梅开开胃。我：已死。

幽默技巧 13： 瞎说什么大实话。

在当今非常注重情商、说话技巧的社会环境下，说实话引起的"笑果"反而让人有会心一击的感觉。

例如，"咪蒙"使用"瞎说什么大实话"技巧写的段子：

后来，他选了 16 号，孟非问为什么，他说："因为她的腿长得很漂亮。"看了几十期《非诚勿扰》，只有他一个人在这个问题上回答了人话！——《〈非诚勿扰〉的企鹅君绝对是史上最"萌"暴发户啊》。

每次接受记者采访，被问到"红了是什么感觉"，我都回答："超爽。"然后每次对方都是一脸惊愕。

昨天，一个时尚杂志采访我，摄影师给我拍了照，然后跟我保证："放心，我一定会把你拍得很自然，绝对不P图。"我拉着他的手，凝重地说："求你了，把我P得亲妈都不认识，好吗？"

幽默技巧 14：拐弯抹角。

前期的大量铺垫和心理预期与最终的结果形成反差，"笑果"便形成了。

例如，"衣锦夜行的燕公子"使用"拐弯抹角"技巧写的段子：

现在粉丝也没有真爱了。刚收到一条私信说："公子，我是个直男，爱你很久了。你等着我，等我事业有成、飞黄腾达的那一天就来娶你。"我特别感动地回了一句："谢谢你，加油，好好工作。"这位年轻人回了："那你们公司还招人不？简历直接发给你行吗？"

刚刚有个姐们儿突然豪气地跟我说："我开了个酒店，什么时候过来消费下，支持支持我？"我心想：不得了啊，士别三日刮目相看啊，月薪三千，天天哭穷的女人说开就开了个酒店啊！于是我说："必须支持，把地址发来。"她快活地发来一个淘宝网址，打开一看确实是卖二锅头的。

幽默技巧 15：相提并论。

将两类看似没有联系的事物"相提并论"，打破规则，引人发笑。

例如，"衣锦夜行的燕公子"使用"相提并论"技巧写的段子：

断网了，打电话找修宽带的小哥来修。他进来倒腾一遍说："网没问题，是路由器坏了。"我说："啊，是吗？怎么会突然坏呢？刚才还好好地上网，突然就打不开任何网页了。"小哥抬头冲我凄凉一笑："电子产品嘛，坏起来没有预兆的，和女人变心一样。"

每次看见卸载软件的原因调查，大脑里都会出现个怨妇：你不喜欢我哪里？我改还不行吗？不要分手啦，我们不是好好的吗，你昨天还约过我看电影哦。这时候就很能体会渣男心思，想大吼一声：我们已经恩断义绝，姑娘给自己留点自尊心好不好。会认真填写的人，还蛮适合交往一下的吧。

粉丝：公子，男朋友追到我之后就和之前不一样了。好多事情说了也不兑现怎么办？

答：姑娘，首先不要太把男人的话当真，什么我今生只爱你一个，你是全世界最美的，我从来不存私房钱，这些绝不可能是实话。不要较真，也不要总去比较。水煮鱼里还有半盆豆芽呢。差不多得了，毕竟连郭靖婚后都常值夜班不回家。

只有看见莫妮卡·贝鲁奇才真正地能明白这句歌词的意思：我愿做一只小羊跟在她身旁，我愿她拿着细细的皮鞭，不断轻轻打在我身上。

我要再次强调，男人是家用电器，所以要物尽其用。你不会大骂电冰箱不出图像，为什么会指望男人像尔康一样专一呢？你不会打开手电筒打愤怒的小鸟，又怎么能够期待男人一定要高大威猛呢？你更不会打开空调开关企图拨号上网，呵呵，那你居然还期望男人换个发型就会变英俊？

又如，"银教授吐槽"使用"相提并论"技巧写的段子：
你发誓爱一个人的样子，就像在健身房买课，以为能一直坚持。

老师：你为什么迟到？
我：正义都会迟到，我就不能了？

送喜欢的女孩回家，走了很远的路。
我："可以亲你吗？"
她："别！"
也许这就是"送君千里，终有一别"。

幽默技巧 16：谐音。

"谐音"就是利用汉字同音或近音的条件，用同音或近音字来代替本字。"谐音"因易引起听讲者之间的误会而使人发笑。

例如,"银教授吐槽"使用"谐音"技巧写的段子:

"太后!"

"何事惊慌?"

"太后了,麻烦往前面一点。"

"喂?妈,番茄炒蛋一般放多少盐?"

"一筒。"

"大火爆炒会糊吗?"

"胡。"

"谢谢妈。"

幽默技巧17:黔驴技穷。

"无招胜有招"5个字,出自《笑傲江湖》,风清扬道:"要做到出手无招,那才是真正踏入了高手的境界。……如你出手根本无招式,敌人如何来破你的招式?"

"银教授吐槽"主理人阿银常在微博自嘲"写的段子不好笑",看似黔驴技穷,却似"无招胜有招",因为让粉丝幸灾乐祸的"笑果"已达到。例如:

为了活跃气氛,我每晚在饭桌上都会讲段子,但从来没人笑。我以为是因为我的段子不好笑,后来才知道,是因为我每天都一个人吃饭。

惊险,太惊险。刚才写了个段子点击发送,发送到一半,觉得实在不好笑,我就赶紧点击了飞行模式,幸亏没发出去。

太险了,到现在还心有余悸。

给休闲璐讲了个段子,她面无表情地说:"这也叫段子?"
我:"这不叫段子,难道叫外卖?"
休闲璐:"哈哈哈,太好了!我要吃麻辣烫!叫花鸡!狮子头!盐水鹅!"
原来,逗笑女人只要花钱就行了。

很多粉丝反映看不懂我段子的笑点在哪里,其实是这样的,人要是活得太明白,烦恼就会增多,所以你还是稀里糊涂跟着笑吧。

发了个"早上好",评论转发数比段子多。还有必要继续创作段子吗?

2. 修辞技巧

修辞的作用是利用多种语言手段以起到好的表达效果。笔者总结了"咪蒙"常用的8种修辞技巧,为读者补上一节有趣的语文课。

修辞技巧1:比喻。

比喻:一种常用的修辞手法,用跟甲事物有相似之点的乙事物来描写或说明甲事物,是修辞学的辞格之一。

"咪蒙"使用"比喻"的段子:

有人说过,野蛮是一口吐向天空的痰,迟早会砸回你脸上,那是多么难看。

很多时候,母爱只是一个包装盒,打开之后,里面装的是控制欲、占有欲和功利心。

10个女生告诉你,大学是座整容院!

修辞技巧2:拟人。

拟人:就是把事物人格化,将本来不具备人的动作和感情的事物变成和人一样具有动作和感情的样子。

"咪蒙"使用"拟人"的段子:

我带唯唐去深圳新开的瑞吉酒店95层上做俯瞰深圳状,唯唐这个"高楼控",发出刘姥姥式的穷人感叹:"天啊,这楼太高了!"接着他的独家比喻就冒出来了:"有了这么高的京基100,地王大厦都变成小朋友了!"他发现瑞吉酒店75层有个游泳池,想到新加坡有个酒店,楼顶也有游泳池,开始发表评论了:"我们小区的游泳池在2层,作为一个游泳池,它实在是太矮了!"

科学总是长着一张扑克脸,显得硬邦邦的。要像松鼠对待果壳一样,去掉科学那层坚硬的壳,给它穿上时装,涂点口红,才会变得亲切可爱。

更重要的是,我们怎么也得考虑一下狗的心情吧,人家狗都不是单身的。

冒菜，就是煮好的火锅，所以你们也懂了，我喜欢火锅及火锅的所有亲戚们。

很想对每一个无视红绿灯的人说，如果我们硬闯过去，那盏灯会难过的。

据可靠消息，罗同学保守估计也花了几万块买一大堆花花绿绿的卡牌，恨不得每天抱着它们睡觉，并且时不时给卡片儿们盖被子，以防它们着凉。

剪发没有那么容易，每根头发都有它的脾气……一旦剪得不好，就会从写真拍摄现场穿越到民生节目现场。我从你剪坏的每一根头发中都感受到了怒气——头发们为什么不揭竿起义，把发型师揍一顿？

修辞技巧3：拟物。

拟物：把人当作物，或把此物当作彼物来写的修辞方式。

"咪蒙"使用"拟物"的段子：

如果富二代生来就是兔子，我们生来是乌龟，即使我们再努力也追不上兔子，但也可以是乌龟里跑得最快的那一个呀。

2 800元是一个月的生活费了，我们往往还真的舍不得。难过的是，我们的尊严，还没有那么贵。

小时候我种下一个男同学，长大了，我收获了一个老公。

修辞技巧 4：对比。

对比：是指把具有明显差异、矛盾和对立的双方安排在一起，进行对照比较的表现手法。

"咪蒙"使用"对比"的段子：

我很忙，但对你永远有空。

我没有喜欢什么类型，我只喜欢你。

我们每个人生下来都是原创，活着活着都成了盗版。

我负责吃小龙虾，我助理负责阻止我吃小龙虾及接广告。

我当时穿着松松垮垮的毛衣，头发乱蓬蓬的，特别像没睡醒的保洁阿姨（保洁阿姨说，这是我被黑得最惨的一次）。而我的助理，穿着很有设计感的衬衫，涂了正红色的口红，看起来气场十足。

每个妈妈都会有双重标准。给我们买东西，特别干脆，再贵都舍得；给自己买东西，特别计较，讨价还价半天，贵5块钱就不买了。她们对自己那么苛刻，对我们却那么宽容。

麻花对男友超级好。男生感冒了，有点发低烧，麻花早上5点钟就起床，去医院排很长的队挂号，这样他醒了，就可以直接看医生。上个月，麻花洗澡的时候摔倒了，磕到了，疼得躺在地上起不来。打电话给男友，他"哦"一声，接着问："我上午让你给我充游戏币,你怎么还没充啊?我急着买装备呢。"

修辞技巧 5:反语。

反语:又称为"倒反""反说""反辞"等,即通常所说的"说反话",运用跟本意相反的词语来表达此意,却含有否定、讽刺及嘲弄的意思,是一种带有强烈感情色彩的修辞方法。

"咪蒙"使用"反语"的段子:

昨天头条点赞才 6 000 多次,创了历史新低啊,我心如刀绞。

说来惭愧,我的助理月薪才 5 万元。

你们见到外国人是什么反应?反正我是躲。生怕他们来跟我打招呼、问路,或者求婚。毕竟,我的英语词汇量很丰富,多达两个词:"Hello"和"Byebye"。

后来我去了优衣库,大手笔啊,买了一件衬衫 199 元,一件毛衣 299 元。

修辞技巧 6:夸张。

夸张:是运用丰富的想象力,在客观事实的基础上有目的地放大或缩小事物的形象特征,以增强表达效果的修辞手法。

夸张修辞分为夸大和夸小。

"咪蒙"使用"夸大"的段子:

又把 iPhone 扔在车里忘了拿出来,罗同学批评我:"你小心点呀，别总丢东西啦。"我很酷地说："看我对这些身外之物多么超然！"罗同学无语。我再接再厉："快，夸我好洒脱！"他说："去掉脱字还差不多。"花了漫长的 3 秒钟，我才明白这个冷幽默。

今年我最最最最最最最最最最最最最最最最最最最喜欢的韩剧就是：《请回答 1988》。

我很久很久很久没有交过新朋友了。

我现在的脸皮有两米三厚，成为一个行走的、圆形的笑话。

安迪是 1993 年出生的，学日语专业的，她刚来公司的时候，就是一个小可爱。现在，她变了，人称安迪姐，气场两米八。

"咪蒙"使用"夸小"的段子：

前两天，我放了张诈骗照在朋友圈，"王左中右"问我："跟你本人相似度有多少？"我说："很高，差不多 0.2%。"他说："这 0.2 指的是指甲吗？"我说，"不，指甲都 P 过了。"

修辞技巧 7：类比。

类比：是由两个对象的某些相同或相似的性质，推断出它们在其他性质上也有可能相同或相似的一种推理形式。

"咪蒙"使用"类比"的段子：

别以为结婚了，双方购买行为已经结束，做好售后服务就可以了。其实结婚才是新一轮营销的开始——你确认自己的优点，放大你的优点，用有趣的方式宣传你的优点，同时用有趣的方式拿自己的小缺点自嘲，这样才能建立一个完整的个人品牌，优势清晰，又不咄咄逼人。

深圳是跳出规则的城市，我是跳出规则的人。

名气和争议是买一赠一的必然配置。

修辞技巧8：排比。

排比：是一种修辞手法，利用意义相关或相近，结构相同或相似和语气相同的词组（主、谓、动、宾）或句子并排（三句或三句以上），以达到一种加强语势的效果。

"咪蒙"使用"排比"的段子：

喜欢一个人的时候，我们总觉得自己不够好，想要再等等。

箍牙的时候，笑起来太丑，再等等；

长痘的时候，整张脸都丑，再等等；

发胖的时候，穿衣服太丑，再等等。

我上次写"穷的46种体验"，很多人都回复说，自己其实有钱，但是一花钱就肉疼，生不如死。

明明现在有想买的衣服，但一定要等到搞活动的时候，也许最终就便宜几块钱；

明明高铁票买得起一等座，但还是只买二等座，总想着，忍几个小时，就能省两百块啊；

明明看上了很喜欢的包，但是要上千块，于是就骗自己，其实它没那么好看，不买也行。

四、段子方程式之乘法法则

"笑果" = 笑点 × 相关度 × 戏剧性 × 技巧

笔者告诉你，段子方程式的结果有3种情况：乘积为正数，乘积为0，乘积为负数。

1. 方程式乘积为正数

要想写出好段子，没有捷径，只有坚持练习，提高"笑点""相关度""戏剧性""技巧"各参数的绝对值。例如，大学四年，"银教授吐槽"公众号主理人阿银每天坚持在BBS（论坛）上写段子8小时以上。阿银说："当你成功逗笑别人一次，你还会想有第二次，会上瘾。后来觉得自己江郎才尽，我就反复看吴宗宪的综艺节目及周星驰的电影，企图从中寻找一些规律和灵感。"又如，"咪蒙"公众号主理人马凌曾说过："我以前写剧本的时候，总是写不好搞笑的部分，我一咬牙，看了大量喜剧，狂做笔记，做了研究，总结了52个笑点设计模式。"

2. 方程式乘积为零

方程式乘积为零有以下 3 种情况。

（1）"笑点"元素为零，意味着作者写段子没戳到读者"笑点"，读者当然不会笑，于是方程式结果为零。

（2）"相关度"为零，意味着读者不懂段子的"梗"，于是方程式结果为零。例如，小明对小芳说："我去买几个橘子，你就站在此地不要走动。"小芳没有被逗笑，是因为小芳不知道"梗"的含义。"买橘子"的"梗"源自朱自清的散文《背影》里面的一段文字，网络上把"买橘子"这个"梗"引申出来暗指"我是你爸爸"的意思，用来占别人的便宜。

（3）"戏剧性""技巧"趋近于零，意味着作者文字功底差、讲故事能力差，于是方程式结果趋近于零。

3. 方程式乘积为负数

方程式乘积为负数有以下两种情况。

（1）抄袭别人的段子，会被原创者举报，段子或文章会被平台删除。

（2）挖苦、讥讽弱势群体的段子，会追究作者的法律责任。

课后习题

一、选择题

写段子的目的是（　　）。

A. 提升读者的欣赏水平

B. 教育读者

C. 让读者开心

D. 逗乐自己

二、简答题

指出"银教授吐槽"的以下段子用了什么技巧。

1. 为什么很少有年轻人开劳斯莱斯？因为年轻人太多，劳斯莱斯太少。

2. "你们95的还好意思叫自己老阿姨？"113岁的张奶奶对95岁的李奶奶说。

3. "在不在！有事问你，急！"
"啥事？"
"我是你的小可爱吗？"

4. 8岁那年，我爸教育我："在外面千万不要说咱家有钱。"
我懵懂地点了点头："是因为做人要低调吗？"
"是因为咱家没钱。"

第五章 教你写段子，成为段子手

5. 我劝天公重抖擞，天公劝我省省吧。

6. 同学聚会，班长端着酒杯说："感情深，一口闷！"说完，大家都很默契地喝了一小口。

7. 刚才在街上闲逛，看到老同学坐在劳斯莱斯里吃煎饼果子，我顿时就好羡慕，希望有一天我也能吃得起煎饼果子。

8. 梦到自己过气了，醒来后发现虚惊一场，原来从未红过。

9. 和我爸吵架，我爸说："我没你这个儿子！"
我看了一眼我妈："他都知道了？"

10. 谁能想到，很多公司的前台有后台。

参考答案

一、选择题
C

二、简答题
1. 结论 + 荒诞解释
2. 话只听一半
3. 一本正经地胡说八道
4. 瞎说什么大实话
5. 改编
6. 反差
7. 夸小
8. 雪上加霜
9. 从字面理解
10. 谐音

第六章

教你做营销，提升影响力

> 📝 **摘要**
>
> **酸** 高手运营自媒体 3 个月，粉丝轻松超百万人，菜鸟折腾一年粉丝寥寥。什么是差距？这就是差距。
>
> **甜** 如何做到品牌人格化？自媒体该如何做内容？文章如何赢得粉丝共鸣？"死磕"问题，教你秘诀。
>
> **苦** 粉丝数少、曝光率低、业绩完不成，你的苦我们懂。
>
> **辣** 总结"杜蕾斯""新世相""咪蒙"的营销方法，姜还是老的辣。
>
> **咸** 个人运营能力逆袭，品牌影响力提升，营销干货助你"咸鱼翻身"。

一、品牌塑造

（一）品牌人格化

《康熙来了》的制作人王伟忠曾说："以前的主持人高高在上，跟老师一样的嘛，台子在上面，观众在下面——主持人想赢得尊敬嘛。可是现在的主持人就是想赢得喜欢，你只要喜欢我就好了，就好像你蛮喜欢去一个人家做客，这家人不管是爸爸，还是妈妈，都让你觉得如沐春风，很轻松嘛。"同理，品牌观念也经历了此种转变。传统广告时代的品牌注重"赢得消费者尊重"，新媒体时代越来越多的品牌意识到"赢得消费者喜欢"更重要。

品牌要想赢得粉丝和消费者的喜欢，"人格化"是第一步。正如现代营销大师菲利普·科特勒所说："一个成功的人格化的品牌形象就是其最好的公关，能够促使顾客与消费者的关系更加密切，使消费者对品牌及其内在文化的感情逐渐加深。最终，品牌在消费者心中的形象已经不仅仅是一个产品，而渐渐演变成一个形象丰满的人，甚至拥有自己的形象、个性、气质、文化内涵。"

品牌要做到"人格化"，需要做好以下两点。

1. 做自己

专栏作家蔡澜对"国产电影为什么越来越不好看了"的观点是:"我们看到的形象都是二手形象。他们说我要拍这场戏,这场戏要像这个像那个,他们没有一手形象。我们那个年代是一手形象,当时的李翰祥、胡金铨,他们都是从文字变成形象的,现在是从形象变成形象。二手形象,问题出在这里。"同理,塑造品牌也需要打造全新的"一手形象"。例如,胡辛束原创的"胡辛束"品牌,用幽默逗趣的文风讲述女生之间的小故事,配着简约软萌的漫画小人,在百万情感大号中脱颖而出。胡辛束坦言,"胡辛束"公众号就是写自己,写企业的(软文)也会带入个人风格。而对于"粉丝喜欢你文章的哪一点"的提问,胡辛束的回答是:"我猜大概是真实吧。我有优点也有缺点,但都能正确面对,也会经常调侃自己,可能大家觉得我离他们的生活比较近,没那么远。我可能更擅长的是感情方面的事情,以一个久病成医的形象,来向大家诉说情感这方面的事情没有那么开心,去向大家分享情绪,给了粉丝一种'我想了解你,同时我希望你也能理解我'这样一种双向的关系。在这样一种信任关系建立之后,我觉得我和粉丝之间的关系会越来越近,大家会愿意相信我把自己的故事告诉给了读者,因为我也听了很多读者的故事。"

"黎贝卡的异想世界"公众号主理人方夷敏曾说:"我觉得自媒体最好玩,也最有魅力的一点是,每个人都有不同的特色，可以吸引不同的人群，做自己想做的事情。"品牌如何"做自己"？"六神磊磊读金庸"公众号主理人王晓磊在《公众号怎么从60分做到90分》的演讲中建议："公众号看上去要像一个活生生的人，你呈现什么性格都可以，高冷的、体贴的、贫嘴的，都可以，只要拿捏好。但是一定不要把自己装扮成不是你的那个人，如果你不是那个样子，就不要勉强自己。50后的人不要学80后说话，80后也不要学00后说话。在这方面，读者是欺骗不了的，他们能够透过屏幕看出你在装。"

2. 通俗化

究竟文章该怎么写才是"通俗化"呢？

"通俗化"的第一层含义是指不滥用俗语。例如，"咪蒙"公众号主理人马凌就发现："很多85后的同学写文章都爱用俗语。俗话说，一个巴掌拍不响。俗话说，男怕入错行女怕嫁错郎……俗话用了几百年，沾满了口水，不嫌旧吗？能不能让俗话有点时代感？"又如，粉丝喜欢读"六神磊磊读金庸"的文章，是因为觉得王晓磊可以"四两拨千斤"，多重大、多严肃的事情都被他以"绵柔"化开。说起这种写作风格，王晓磊说自己是在大学以后慢慢养成的："我两次高考作文分数都很低，高中时的我也有堆砌辞藻的毛病，不用成语、典故似乎就不会写作文。"

"通俗化"的第二层含义是语言生活化。香港岭南大学中文系许子东教授曾评价"咪蒙"的文章说:"看'咪蒙'的短文,我好像看到了几个女白领,午餐的时候聚在一起,讽刺、嘲笑甚至大骂办公室里矮胖的、脖子都找不到的讨厌男经理,或者骂做作的、用假名牌的女上司。午餐语言,一定简短有力,过一把语言的干瘾,可是一会儿回到办公室,还得照样皱着眉头伺候经理和女上司。"

"通俗化"的第三层含义是将文字从复杂化为简单。不少读者评价"咪蒙"公众号的文字很接地气,马凌的秘诀是:"如果说读研的时候我学会了如何把简单的事情复杂化,从一首诗里写出几万字的深度分析,那么,在报社的经历让我学会了化复杂为简单,哪怕讲最艰深的理论,也要通俗化。"

(二)品牌人设法

1. 品牌人设第一步:自我预设

(1)自我预设之情绪鲜明。"新世相"公众号主理人张伟说:"做公众号和做人是一样的道理,要有鲜明的人格,有较高的辨识度,要能唤起他人强烈的情绪。"

(2)自我预设之错位法。错位包含身份错位、结果错位等。错位法出人意料,还能形成一种喜剧效果。

举两个身份错位的例子,霸道总裁是大众心目中老板该有的样子,"咪蒙"制造的身份错位是——《作为老板,今天我又哭着下班了》；父母负责教导儿女，这还能怎么错位？"咪蒙"写了一本书，书名是《5岁熊孩子教我的事》（是不是有种反差萌）。

举个结果错位的例子，当朋友圈充斥着成功学文章时，"咪蒙"分享了她的"反面教材"——《我是如何成功地把一家公司开垮的》。

（3）**自我预设之不完美**。《三联生活周刊》评价"咪蒙"：在互联网上，她把自己塑造成一个观念开放、刻薄犀利的女流氓形象。矮、胖、丑、花痴、低俗、不务正业……她为自己贴上各种自黑标签，这些标签让她的文字显得亲切而真诚。在这样的人物设定下，"咪蒙"以最通俗的语言爆料朋友，用调侃的方式讲述自己不幸福的原生家庭，她给读者熬心灵鸡汤，也提供激烈的观点和情绪。粉丝在她逻辑自洽的语言中找到阅读的快感，为她献上百万点击量。

为什么"咪蒙"会自曝"不完美"？其一，没有人是完美的，正如马凌在《圣人请卸妆》中写道："圣人24小时滚动伟大，好人365日天天崇高，让人毛骨悚然。王尔德都说了，人总该有点不可理喻之处。"其二，在"咪蒙"公众号主理人马凌心目中"不完美"的品牌才完整："用有趣的方式，宣传你的优点；同时用有趣的方式，拿自己的小缺点自嘲——这样才能建立一个完整的个人品牌，优势清晰，又不咄咄逼人。"

"咪蒙"塑造"不完美"有两项技巧。

技巧 1：自曝缺点。"咪蒙"公众号推送过一篇文章《我，一个矮子的史诗》，马凌透露这篇文章反响非常火爆，从此有了好多"矮粉丝"。"咪蒙"还自曝拖延症，公众号被关注后自动回复"欢迎来到拖稿界天后'咪蒙'的世界，下一次更新文章有可能是下周，有可能是下辈子"。

对于"咪蒙"的这些"缺点"，某粉丝却留言道："咪蒙，我特别看不惯别人骂你，听不下去！只有我了解你。你，除了老、胖、话痨等100多个缺点之外，简直就是一个完美的人。"

技巧 2：自曝欲望。除了自曝"缺点"外，马凌通过一篇篇文章构建起一个充满欲望的"咪蒙"形象。

表现"咪蒙"欲望的句子：

作为一个正在减肥的人，这几天在日本我努力提醒自己少吃点，每顿也就只吃了几盘肉而已！

每一次迷茫的时候，我都在快乐地吃东西。

每天都在"连自己的嘴都管不住，我还活着干吗"及"如果不能随便吃，我还活着干吗"之间来回切换。

2. 品牌人设第二步：粉丝加工

"新世相"品牌"文艺"的标签来源于"粉丝加工"。"新世相"公众号主理人张伟最初给自己的定位是"一个评价写作技法的、比较酷的、比较客观、比较理性的这么一个人"。后来有粉丝向张伟建议，觉得"新世相"这个词很文艺。张伟突然醒悟："一个东西有一个标签，有一个点被人辨识是很重要的。例如，别人说'新世相'很好，别人记不住，但别人说'新世相'是一个文艺青年必读的公众号，很多人就记住了，喜欢你的文艺青年或者文艺的人就会来看了。就是你要有非常突出的某一方面的气质，才可能被一群人深度喜欢。"

"新世相"的新定位同样依靠"粉丝加工"。通过后台收集用户的互动，从大量同类的反馈当中，张伟看到"新世相"的用户是特别需要陪伴、特别需要有人来理解他们的人。于是才有了今天"新世相"的新定位：做成一个"陪伴体"（既是一种精神上的陪伴，也是一种生活方式上的陪伴）。

二、内容输出

（一）产品化和节目化

1. 产品化

大部分没有做好自媒体的企业，失败的原因是将自媒体仅看作简单的发声渠道，甚至办成了企业内刊，缺乏内容价值，自然要被用户抛弃。"李叫兽"公众号主理人李靖在《2016，新媒体不是媒体》中写道："优秀的公众号，可以满足别人具体的需求。所以我们要做的，是把媒体产品化——让媒体具备产品属性,可以满足需求。"

产品需要针对用户需求设计,同理,自媒体也要针对用户需求规划内容。自媒体一般要满足用户哪些需求?"李叫兽"公众号主理人李靖的答案是:"第一种是消磨时间——通过精彩的内容,帮助用户打发或者度过一段无聊的时间;第二种是工具需求——帮助用户完成一项任务。"例如,"李叫兽"公众号原创的商业分析文章《你为什么会写自嗨型文案》《做市场的人,不一定知道什么才是"市场"》《为什么你有十年经验,但成不了专家?》等,就满足了用户的第二种需求,在一定程度上为营销人员提供了帮助。

2. 节目化

自媒体该如何做内容?"李叫兽"公众号主理人李靖建议:"自媒体应该做'电视剧',持续性满足某种需求,而不是做一个又一个的'电影'——满足不同的读者需求。"胡辛束也将自媒体比作一档节目:"我希望'胡辛束'是一档节目,每天的推送时间是固定的,22点22分,22点10分了,就有人守着等它。你看《新闻联播》,每天晚上七点开始,人会形成一种期待,没什么事儿干了,快七点了,看《新闻联播》吧。"

"知乎"上有两个关注度很高的提问:"如何评价'咪蒙'?""如何比较'咪蒙'和郭敬明?"其实,"咪蒙"不等于马凌。如今你在互联网上看到的"咪蒙"是其团队在互联网上打造的品牌形象。与其说"咪蒙"等于马凌,不如说"咪蒙"是马凌策划的一档节目。

为了让读者更好地理解自媒体的"节目化",笔者将自媒体与热门电视节目做了比较。

(1)"顾爷"vs.电视谈话节目《锵锵三人行》。

"顾爷"和《锵锵三人行》最大的相似性体现在"聊天"上。

《锵锵三人行》的主持人窦文涛做节目的初衷就是"聊天"。他回忆说:"当时公司给我一个任务,就是说要做一个这样的节目,每天聊新闻。最后是在离节目播出还有三天的时候,我才想到了'聊天'这俩字。'聊天',广东人叫'吹水',北京人叫'侃大山',四川人叫'摆龙门阵'。我们平常三个同事在一起时或许谁都不是专家,但是有说不完的话。所以那时候我明白,说话可以仅仅是为了快乐,你愿意正正经经地说就正正经经地说,你愿意胡说八道就胡说八道,可以没有什么重大的意义,只要我们能够享受说话的乐趣就可以。"

"聊天"也是"顾爷"做自媒体内容的特色,虽然讲的是"高大上"的西方美术史,顾孟劼却不装内行,不玩深沉,兼具幽默和八卦风格。例如,介绍"莫奈和他的小伙伴",顾孟劼以聊天式的文字介绍:"如果这是你第一次听说克劳德·莫奈,又或者你只是在蔡依林的歌里听过一次这个名字,那么,今天就让我来告诉你,这个人有多牛。"粉丝们把顾孟劼当作"艺术科普达人",顾孟劫却一再强调:"关于艺术,一切的热情都源于单纯的喜爱。与其说我在做科普,倒更像是嘻嘻哈哈地聊天。如果能在博您一笑之余,为您增添一些吹牛聊天的资本,那也是极好的。"顾孟劫认为,艺术本身不应是"殿堂",他反而认为,艺术就是一个"房间",完全可以很平民化。

(2)"胡辛束""六神磊磊读金庸""黎贝卡的异想世界"vs. 电视综艺节目《奇葩说》。

不管是自媒体还是做电视节目,打广告都容易引起用户的反感。但他们偏偏对某些自媒体红人的广告不抵触。据说,"胡辛束"的粉丝每晚定着闹钟等广告;即使"顾爷"发的是广告帖,也能让粉丝们看得喜笑颜开;"王左中右"公众号主理人王国培甚至说:"我不发广告,他们就担心我喝西北风。"

为什么大部分粉丝愿意接受自媒体红人发广告,甚至广告的转化率还不低?有以下3点原因。

①文章内容扎实。"六神磊磊读金庸"公众号主理人王晓磊的秘诀是,自己写的那些为商家推广产品的软文,即便把广告字眼去掉,仍会是一篇篇好文章,因为"瑕不掩瑜"。

②植入方式自然。例如,"胡辛束"为滴滴专车策划的软文《我一直在等你》,在植入广告前过渡的文案是:"很多事需要等待,但有些事没必要等太久。"为京东数码策划的软文《你哪里都好,除了总迟到》,在植入广告前过渡的文案是:"要准时啊,每天上午11点五折爽购。"

③粉丝信任作者。"咪蒙"公众号主理人马凌把粉丝当朋友,马凌说过:"我们的广告效果为什么这么好?因为我把粉丝当朋友,我不推荐给朋友的品牌,我也不会推荐给粉丝。""胡辛束"公众号主理人胡辛束要做粉丝的榜样,她说:"你不能永远只是粉丝的一个朋友,你要做一个榜样,这样你才有资格去说服他们消费你的服务。"

(二)有关和有用

"咪蒙"公众号主理人马凌在《如何写出阅读量100万+的微信爆款文章》中分享的秘诀是,新媒体写作,我们必须解决两大问题:第一,这件事与读者"有关";第二,这件事对读者"有用"。

如何做到内容与读者"有关"?马凌写道:"我们必须找到想写的东西跟大众的关联,必须站在读者的角度去思考问题。从标题开始,把核心问题落实到跟读者的关联上。"爆款文章的作者写的标题就与目标读者关联性强,如表6-1所示。

表6-1 爆款文章作者与标题

公众号	文章
李叫兽	《领导口中的"共鸣感文案",到底是什么?》 《当我反对自嗨文案时,我在反对什么?》 《你可能只会列营销大纲,不会做营销计划》 《解冻文案Ⅲ:90%营销人写文案前的第一个错误》

续表

公众号	文章
黎贝卡的异想世界	《女性拍照时有哪些不错的 Pose 可以选择？》 《女生适合穿什么样的牛津鞋？》 《如何成为一个美丽优雅的孕妇？》
顾爷	《卢浮宫的秘密》 《一口气看懂日本艺术》

"杜蕾斯"做传播也注重内容与粉丝的关联度，"杜蕾斯"策划人金鹏远的观点是："主动传播的原动力一定是与'我'相关。我们希望消费者主动传播，希望我们的传播能够造成三万五万次的转发，500 万次的阅读量，希望微信文章阅读量破 10 万 + 次。那消费者为什么要转发这个文章、转发这个创意呢？大家可以看一看手机里面最近在微博或者微信转发的都是哪类内容，要不就是'不转不是中国人'之类，要不就是'不需要任何条件，只要转发就有机会获得 iPhone 6 一台'之类，要不就是'年轻女士在职场的十大注意事项'之类，等等。反过头来看，你在做创意的时候，你的创意跟他们有没有关系呢？"

那么，写文章时又该如何做到内容对读者"有用"呢？

"有用"的第一种技巧是提供干货。"咪蒙"公众号主理人马凌的经验是："你最好能写点技术流的东西。你在哪个领域有深厚的积累，你对哪个问题有深入的思考，你对哪种现象有深刻的研究。其实文章写的就是见识、阅历和积累。"

据统计，2015年"咪蒙"公众号上阅读量最高的文章是《所谓情商高，就是懂得好好说话》，文章中竟提供了超过30种说话技巧。

"有用"的第二种技巧是带给读者正能量。"六神磊磊读金庸"公众号主理人王晓磊打了个比方："跟读者交流写文章、传播正能量就像跟女孩子谈恋爱，最终的目的是走到一块。而写文章的目的，是把我们的观点、正能量传播出去，可以聊历史、谈段子，好处是活跃气氛，展示才识。公众就像你喜欢的女孩子，都是冰雪聪明的，如果夸张不实，自然无法传播观点。其次还要适度，不要调侃过度，就好像炒菜一样，鸡精、味精有人喜欢，放多了大家就恶心了。调侃、戏说只要适度，大家就能接受。"

（三）参与感和共鸣感

1. 参与感

问题1：如何让粉丝乐意参与你发起的话题？

第一种技巧是将话题抛给粉丝，让他们接话，这时候作者要扮演电视节目《康熙来了》的主持人蔡康永的角色。

蔡康永曾说过："聊天时，每个人都想聊自己。尽量别让自己说出'我'字。跟朋友聊天10分钟，每次想说'我'字时，都改成'你'字或'他'字。你会发现在这10分钟里面，本来不断说着'我昨天……''我觉得……''我买了……'这些句子的自己，忽然变成一个不断把话题丢给对方，让对方畅所欲言的、超级上道的人！"

提出一个生活中的问题让粉丝接话，这是"衣锦夜行的燕公子"在微博中引导用户参与的技巧。例如：

九宫格火锅的意义到底是什么？九个格子底下居然是通的。我原来一直以为九宫格是九个格子不同口味！如果底下是通的，九个格子没有任何区别，那为什么要做成九个？是不是我涮的肉放在横一竖二、你涮的香菇放在横二竖三，大家互不侵犯？

点赞最高的粉丝评论：

"@果儿证书"

难道不是为了下棋吗，三个连一块对方就不能吃了！

"@宫楚石"

九个格辣油可以放得不一样多。油浮在上面。懂？

"@老曹不是甘斯特"

三个格子放一样的会消掉。

"@打满鸡血又是新的一天"

方便找东西啊，一格里面捞跟一锅里面捞哪个快？！你要节约每分每秒，确保每一筷子下去，夹上来的都是你想要的。

第二种技巧是给用户出题。出题的优势是粉丝参与门槛低,这时候作者要扮演答题类节目《开心辞典》的王小丫。

给粉丝布置排序题是"衣锦夜行的燕公子"的套路,如"衣锦夜行的燕公子"的微博内容:

股票亏了,

偶像恋爱了,

想买的衣服下架了,

胖了,

长痘了,

信用卡账单来了,

按心痛程度排一下。

第三种技巧是"出糗我先来",这时候作者要扮演《康熙来了》的陈汉典。

"咪蒙"长期征集粉丝"出糗"的经历,让大家一起幸灾乐祸,如:

创业失败的搞笑故事

最丢脸的醉酒经历

和爸妈的微信聊天截图

黑暗料理

被父母坑的经历

难忘的相亲经历

说谎被戳穿的尴尬体验

因名字闹过的笑话

手机里最搞笑的照片

为了让粉丝踊跃爆料,"咪蒙"会在活动征集时先晒自己的奇葩经历,如:

昨天的周末故事不是让大家选了喜欢的配音吗?猜猜我是谁?就是投票最低的那一个。没关系,别安慰我,我完全没哭……我只是多吃了5份小龙虾安慰自己而已。咱们还是来两个征集吧。

今天在海口参加一个活动,其中有两分钟直播。本来就胖的我,上了镜之后,简直就是一只正版的猪头。被自己吓傻了……我真的必须做出改变了……以后还是……尽量不出镜了吧……好吧,今天来3个征集。

问题2:如何让陌生人愿意参加你发起的活动?

"新世相"公众号主理人张伟激发用户参与活动有3个办法:"一是有利可图,二是有意思,三是参与这件事情本身可以找到共鸣感。"通过"营造共鸣"激发用户参与活动,是张伟认为最高级的一件事。对此,张伟的秘诀是:"第一,了解人群,了解城市生活里的欲望和焦虑;第二,用一个办法唤起他们的行动;第三,建立一个价值观共同体。"

例如,"新世相"发起的"4个小时,逃离北上广"活动——主办方"新世相"准备了30张往返机票提供给用户,只要你是前30个赶到北上广3个城市机场的人,就送你一张往返机票去一个未知的目的地。张伟总结活动的最成功之处是提出了"共同行动人"概念:"有了共同使命感之后,大家就会觉得自己对一件大事没完成负有责任,而且觉得自己小小的努力真的可以让这件大事完成。比如,读一下'新世相'公众号里的文章或者跟别人讨论一下文章的内容;或者购买某一个品牌的东西;或者每天做一件很简单的事情,让自己变漂亮一点点……就算是一件大事,这件大事也是一件关乎整个社会品位和审美的大事。"

2. 共鸣感

"咪蒙"公众号主理人马凌说:"传统写作是写'我',写我的体验,我的喜怒哀乐。而现代写作,写的是对共鸣的感知。"那么如何让你的文章引发读者共鸣?有以下3个技巧。

技巧1:抚慰平凡人的困惑。

"新世相"公众号主理人张伟对于"创造共鸣"的经验是:"一个好的公众号,首先要能触摸到那些日常生活中的困惑,植入最平凡的生活场景。那么我觉得一个公众号要做的就是不断地去陪伴、去抚慰这样的一些情景,这样的一些生活状态,这样的一些痛苦或者欢乐。通过各种方式去跟人谈论这些日常生活中反复出现的话题。'新世相'的后台经常有很多人发来问题,发来困惑,发来痛苦。我这么久以来看到的基本上就是,那个人不爱我,或者跟那个人分手了,或者是我的父母不理解我，或者是我不知道下一步该怎么办，我的梦想无法实现，真的只有这几种。你可以想想，自己的生活状态、自己的生活经历、每天的痛苦或者喜悦是不是也就这些，每天要经历的生活场景是不是也就这些。如果是的话，那么就可以相信，这个世界上的大多数人和你都是一样的，不管这个人的经济地位多高，不管这个人所在的位置多高，他们基本上会被这些同样的情感和生活场景包围。所以在做一个公众号的时候，你可以不停地植入这些场景，不停地触及这些情感，它就会被人们记住，被人们需要，而且会被人们反复地需要，这样就会达成一种非常好的陪伴效果。"

"衣锦夜行的燕公子"同样擅长通过抚慰平凡人的困惑引发共鸣。例如，"衣锦夜行的燕公子"的微博内容：

我一点儿不漂亮，可能你也一样；我从没考过第一名，可能你也一样；我唱歌走音、画画不及格、800米中长跑没达过标，可能你也一样；我曾经加班没有加班费、替老板背黑锅，可能你也一样；我曾被男朋友骗钱，还被他甩了，可能你也一样；我减肥从未成功、吃素无法坚持，可能你也一样；那么，我到今天还没被打倒，可能你也一样。

技巧2：创造"天啊"时刻。

《跟TED学表达，让世界记住你》一书将演讲者在演说中点醒听众，让他们张大嘴巴，对自己说"天啊，我懂了"的这一时刻，称为"天啊"时刻。殊途同归，不少自媒体作者也创造了这种"天啊"时刻。例如，不少文案从业者看了"李叫兽"的文章，如《月薪3 000与30 000的文案区别》《你为什么会写自嗨型文案》，就会产生"天啊，原来是这样"的共鸣感。

技巧3："意见领袖"声援粉丝。

"李叫兽"公众号主理人李靖在《领导口中的"共鸣感文案"，到底是什么？》一文中写道："引发粉丝共鸣的重要的方法就是发现用户过去的某种阻碍因素（如被误会、被不公正对待、社会不合理等），然后在这个过程中提供帮助（如支持、批判、反击、鼓励等）。"

作为意见领袖，发现用户的某种阻碍因素声援粉丝，是让用户产生共鸣的技巧之一。

例如，"咪蒙"支持粉丝的热门文章：

《我不是高冷，我只是不爱说话》

《我不忙，但不想为你浪费时间》

《我一个人活得好好的，为什么要结婚？》

《矮子们快来幸灾乐祸！原来长得高也很凄惨啊！》

又如，"咪蒙"代粉丝反击的热门文章：

《你对我妈那么渣，你算什么好爸爸？！》

《让孩子完成你的梦想，你干吗去了？》

《我借钱给你，我有错吗？》

《又一个明星跟粉丝对喷，干得漂亮！》

（四）仪式感和微创新

1. 仪式感

以下对话出自法国童话《小王子》。

小王子驯养狐狸后，第二天又去看它。

"你每天最好在相同时间来。"狐狸说。

小王子问："为什么？"

"比如，你下午四点来，那么从三点起，我就开始感到幸福。时间越临近，我就越感到幸福。我就发现了幸福的价值……所以应当有一定仪式。"

"仪式是什么？"小王子问。

"它就是使某一天与其他日子不同，使某一时刻与其他时刻不同的事情。"狐狸说。

求婚的戒指，生日的蛋糕，结婚的婚礼，生活中的仪式无处不在。仪式感会赋予特定的事件"与众不同"的意义。例如，一场隆重的婚礼，能让新娘感到对方对自己的"在乎"，能让新郎感受到对家庭的"责任"。

从心理学角度来分析，为什么人需要各种各样的纪念日？"杜蕾斯"在"知乎"上回答了这个问题：那是因为人类需要"仪式感"，因此世界上出现了"纪念日"，如相识纪念日、相恋100天纪念日、一周年纪念日、结婚纪念日等。电影《尼罗河上的惨案》中有句台词："女人一生中最大的心愿就是让人爱她，在纪念日里被爱的感受更深，所以更在意。"

善于洞察人性的运营者会为公众号增加"仪式感"，对此笔者总结了以下4项。

（1）**推送时间**。例如，"胡辛束"公众号每天22点22分准时推送，如图6-1所示。除了因为这个时间点适合阅读情感类的文字外，主理人胡辛束的理由是："22点22分，2222，所有读起来像爱的东西都给粉丝。"胡辛束说她有一个"黑夜法则"："你会在天黑之后表达欲升腾，渴望交流，倾诉甚至是谩骂。你会更想念一个人，一段过往。你会以为在夜深之时，除你以外的人都有了美梦。你会嫉妒、会反思、会把一天的情绪都献给黑夜。"

图6-1　"胡辛束"公众号坚持22点22分推送

（2）**篇数记录**。正如情侣会特别在意"我们在一起×年了"，"咪蒙"和"新世相"会给文章标注篇数记录，如图6-2和图6-3所示。

图 6-2 "咪蒙"文章篇数记录　　图 6-3 "新世相"文章篇数记录

（3）**集体行动**。"新世相"公众号主理人张伟在"图书馆计划"活动中，希望在阅读之外调动粉丝去做一件有情感联系的集体仪式。例如，参与者每个月收到的书是随机的——这些书目是经过"新世相"检验过的，可以提供见识、陪伴、经验或一个好故事的书。参与者每读完一本书寄回给"新世相"，然后会收到下一本"随机的书"，每月最多 4 本。又如，每本书寄出时都会附上"新世相"漂流包，参与者可以在其中的漂流纸上写下任何跟阅读这本书有关的故事，漂流纸随着这本书从上一个读者漂流到下一个读者手中，像一个彩蛋，如

图6-4所示。

图6-4 "新世相"图书馆活动

（4）**特定场所**。"杜蕾斯"市场人员调研后发现，消费者对情趣啫喱系列产品存在一些认知偏差，觉得它只是一瓶润滑油，而没有"情趣"的作用。于是，"杜蕾斯"的创意人员经过多次"头脑风暴"，决定用"艺术展"的形式来培养消费者对于情趣啫喱的认知。

"杜蕾斯美术馆"以动态页面的形式呈现一个完整的虚拟美术馆（图6-5和图6-6）：有入口，有前言展板，有回廊，有楼梯，还有一个洗手间和一个纪念品商店。无论人在哪里，都能通过移动端参观这间美术馆，有种身临其境的感觉。通过画面的视觉冲击力，用户可以感受"杜蕾斯"情趣啫喱的使用体验。

图 6-5 杜蕾斯线上美术馆(一)

图 6-6 杜蕾斯线上美术馆(二)

2. 微创新

自媒体真的是白手起家、躺着挣钱的生意吗?"王左中右"公众号主理人王国培道出其中实情:"一些号一条微信是能赚十几万、几十万元,但整个微信公众平台有一千多万个号,真正能赚钱的只是最顶端的那几个。大家靠的是内容的硬碰硬,最终还是胜者为王。"

自媒体竞争有多激烈?记者问"黎贝卡的异想世界"公众号主理人方夷敏:"现在自媒体创业已经是红海了吗?"方夷敏的回答是:"血海。"

不少人说微信红利期已过,甚至有人用一首诗唱衰自媒体:远观山有色,近听水无声,春去花犹在,人来鸟不惊。"六神磊磊读金庸"公众号主理人王晓磊却借李贺的诗来表达自媒体还大有可为:"大漠沙如雪,燕山月似钩。何当金络脑,快走踏清秋。"王晓磊提出一个"千里马"理论:"我们通常会觉得现在的自媒体江湖好像是一盘围棋,围棋已经下到后半盘了,大号们该圈的地都圈完了。我觉得千里马在后面,我相信更有水平的在后面。金庸小说里先出来的高手也就是丘处机,更有水平的人往往都在后面。"

《微创新:5种微小改变创造伟大产品》的作者德鲁·博迪和雅各布·戈登堡,通过对强生、通用、宝洁、SAP、飞利浦等全球顶尖公司的上百种畅销产品的分析发现,创新并非来自天马行空、惊世骇俗的发明,而大多是通过在现有框架内进行的微小改进,这就是"微创新"。

自媒体的"微创新"主要有两类方式。

(1)形式上的"微创新"。例如,大多数公众号作者热衷于写"鸡汤文",而"咪蒙"写的"鸡汤文"却好似加了"胡椒",如表6-2所示。

表6-2 传统"鸡汤文"与加了"胡椒"的"鸡汤文"的写法之比较

传统"鸡汤文"的写法	加了"胡椒"的"鸡汤文"的写法
"咪蒙"每天扑在写作上,每天工作14小时以上,每天晚上写稿写到眼睛都睁不开	"咪蒙"每天工作14小时以上,每天晚上写稿写到眼睛都睁不开。到了半夜一两点,看着电脑上的字已经开始模糊了,大脑已经不反应了,才无奈地点个小龙虾,立马满血复活,接着写
"咪蒙"说过,每家公司都喜欢正能量的人,请把抱怨的时间拿来解决问题	伟大的哲学家、思想家、职业规划大师及著名胖子"咪蒙"说过,每家公司都喜欢正能量的人,把抱怨的时间拿来解决问题,不然就滚

香港岭南大学中文系教授许子东分析道:"在我看来,这是一种零度的心灵鸡汤、减肥的心灵鸡汤。鸡汤,在过去年代被认为有丰富的营养,可以补身体,味道又好。把它作为一个比方用在文学上、心灵的问题上,那就是一种软性的道德教育,可以吸收美的正能量。总而言之,是以容易接受的方法教我们做人的道理,我们从小就听,也习惯了。现在,一方面在内容上、道理上听厌了,不相信了,甚至反感了;另一方面,在形式上又已经习惯了喝鸡汤,习惯用文学的方式讲做人的道理了。'咪蒙'的这个短文的背景就是大家听

厌了一般的鸡汤，听厌了正能量的鸡汤，所以她给你提供一种减肥鸡汤。"

再如，"咪蒙"从 2016 年 8 月推出"周末故事"，这也属于一种形式上的微创新。"咪蒙"公众号主理人马凌认为："因为我觉得公众号上写杂文的多，写小说的少。从公众号的运营上说，不管你是多大量级的公众号，你需要持续给读者一个阅读的理由。这一点，公众号比微博更难，微博上的阅读是相对被动的，你只要关注一个账号，你的首页就会自动出现这个账号的内容；而微信阅读是绝对主动的，你关注了，还要每天去点开它。所以让读者关注你，这只是起点，你要让他每天有打开公众号的冲动，对你产生持续的依赖和需要，这是更难的。"

（2）内容定位上的"微创新"。公众号可以分为两类：垂直类和非垂直类。非垂直类公众号就是大众都能够看得懂其内容的公众号，如"胡辛束"公众号写的是情感文章，是大家都能看得懂的。不过，"姜茶茶"倒是不建议新开非垂直类的公众号，其观点是："你跟'咪蒙'去比写热点，你跟'胡辛束'去比写情感，你写不过她们的，她们的经验比你丰富得多，粉丝基数也大，你要比她们写得好很多才能火。""姜茶茶"是垂直类公众号，聚焦于广告行业，只有广告、营销、公关圈的从业者才能看得懂。"姜茶茶"的经验是："垂直类有一个好处，那就是粉丝关注你可能是因为工作需要，就没有那么容易取消关注。"

(五) UGC 和 PGC

1. UGC

如果一位公众号小编每天发3篇文章，一年250个工作日，一共需要写750篇文章。比耗费脑力和体力更苦恼的是，如何保证持续创造好内容呢？

"杜蕾斯"的秘诀是UGC。

UGC是英文User Generated Content的缩写，意为用户生成内容。就像在电台节目中，主播除了自己讲之外，还可以通过念观众来信来生成内容。

那么对于运营自媒体，该怎么做到UGC呢？

（1）拿来主义。如果你是为UGC网站运营自媒体，方法是采用"拿来主义"，即挑选网站上用户生成的好内容拿到自媒体上用。

"虎扑体育"属于UGC网站，用户每天都会在虎扑论坛吐槽比赛，而虎扑公众号的小编的工作就是选取精彩"吐槽"放到"虎扑体育"的公众号文章中。

举一个例子，2017年NBA季后赛马刺和火箭第5场，39岁的老运动员吉诺比利封盖哈登为马刺队奠定胜利。

大多数公众号小编的做法是平铺直述地报道这个新闻，但

"虎扑体育"的小编将网站上球迷对比赛的"吐槽"放在公众号文章中，极大地增强了内容的可看性。

粉丝"@祖国未来栋梁"的"吐槽"："听说一个39岁的老人家，一个差点没球打的角色球员，和一个刚打球的理发师拯救了球队！"

粉丝"@大威哟"的"吐槽"："你们能不能别吹了，把人头发都吹没了。"

粉丝"@_陈百度_"的"吐槽"："世间哪有什么天才，他只是把别人梳头的时间都拿来练球了。"

对此，"虎扑体育"小编将上面一条评论选作公众号文章标题：《世间哪有什么天才，他只是把别人梳头的时间都拿来练球了》。

再举一个例子，"知乎"网属于UGC网站。有别于"杜蕾斯"官方微博每次追热点都要搞新创意，"知乎"官方微博追热点的方式是将"知乎"网上的相关问答作为内容。

例如，针对热门手机游戏旅行青蛙，2018年1月22日，"知乎"官方微博小编将网站热帖"玩旅行青蛙有哪些体验"进行推荐，微博转发数和点赞数过万次。

（2）**激励手段**。如果你是为实体产品运营自媒体，则需采取激励手段引导粉丝生成内容。

笔者归纳了"杜蕾斯"新媒体运营的3种手段。

手段1：设置奖品。例如，"杜蕾斯"官方微博设立"最粉丝"奖，每月评出互动最积极、吐槽最精彩的粉丝并送出"杜蕾斯"产品。

在成功调动起粉丝的积极性后，"杜蕾斯"官方微博的部分内容就来自粉丝的集体智慧。例如：

如果时光可以倒流，你想收回哪句说过的伤过 TA 的话？

16 岁时你眼中的爱情，和现在的你眼中的爱情，还是同一件东西吗？

手段 2：提供交友。"杜蕾斯"小编发现，在公众号评论区，大家除了对文章内容进行评论外，还希望交友。例如，有网友留言："杜杜可以把热评第一的联系方式给我吗？"于是"杜蕾斯"公众号从 2016 年 11 月起开设了一个新栏目"杜杜日历"。小编会选出 3 条留言，做成日签发布在第二天文章的结尾。

手段 3：好奇话题。例如，"杜蕾斯"公众号推送了文章《男生对女生最好奇 Top 50 问》，读者点开后发现，文章中并没有直接列出 50 个问题，而是需要粉丝集体参与。被选中的粉丝回复有："例假来了最喜欢男朋友做什么？""姨妈血和普通血一样吗？"

2. PGC

PGC 是英文 Professional Generated Content 的缩写，意为专家生产内容。

常见的 PGC 有两种形式。第一种形式：专家自发地在自己的自媒体上为品牌创作内容。例如，自由培训师琢磨先生在自己的微博上发布了漫画《西游微博》，其中植入了"杜蕾斯"。

唐僧发微博：今天我终于领了圣命前往西天求取真经。

李世民回复：我给你加了 V。

佛祖回复：我在西天等着你。

观音回复：你的肉吃了长生不老，一定要保密。

陈状元回复：身为父亲，希望你一路顺利。

殷文娇回复：身为母亲，只能说爱你。

女儿国国王发微博：唐僧哥哥今夜就要到了，我心跳得厉害，该准备点什么？

"杜蕾斯"官方微博回复：我！

第二种形式：专家受邀到品牌的自媒体上产生内容。例如，"杜蕾斯"邀请了自由职业者张佳玮回答粉丝提问。

粉丝提问：女友的消费观、价值观和我不一样，但是我们感情很好。现在考虑结婚，但是我有点担心她能不能融入我们家的氛围。深圳嫁潮州，能做些什么？

张佳玮回答：我遇到过类似的问题，解决方法如下。

坦诚告诉她消费观有差异，告诉她自己会努力挣钱，但也希望她可以调整。大多数感情好的伴侣是可以把话说通的。

比较怕的是，男方不肯努力满足女方的消费需求，或者男方死咬着牙不肯叫苦，要面子又不肯讲，但私下里累积了许多负面情绪。这两种情况通常会导致之后感情的不幸。凡事不怕说，就怕憋着。

此外多说一句：大多数女孩子其实不是金钱的动物，她们不爱钱本身。她们消费时在意的是消费之后得到的感官愉悦，是能获得相应的心理慰藉，并不像许多男人想象的那样在意钱。

再如，"杜蕾斯"邀请了锤子科技幻灯片制作者许岑回答粉丝提问。

粉丝提问：暗恋一个女生两年了，她一直有男朋友，所以我也不想打扰他们，但是马上就毕业了，觉得再不说就没机会了，是不是应该去表白？

许岑回答：如果人家两人挺幸福的，就不要去表白了，把时间和精力放在发展自己的能力上比较重要。

杜杜补充：可能不说还有机会，说了更没机会，还是别说了。

对于"杜蕾斯"PGC的效果，胡辛束做了评价："微信上的'杜蕾斯'是偏采访式的，找了很多人聊不同的主题，这种内容更有长期的存在价值，我更喜欢，有可读性。"

那么问题来了。

问题1：专家为何愿意为品牌创造内容？

笔者的回答是：专家能从中得到好处，如增加粉丝、扩大影响力。

问题2：哪些品牌更容易吸引专家？

笔者的回答是：大品牌，如杜蕾斯。

问题3：品牌该邀请什么样的专家？

笔者的回答是：三观一致的。

三、辨识符号

（一）文字符号

文字符号是以文字元素构成的辨识符号。文字符号包括文字图形、好名字和Slogan（广告语）。

1. 文字图形

美国文案大师罗伯特·布莱在《文案创作完全手册》中提出："视觉设计可以强化、解释文案中的概念，但文案本身是可以独立存在的，所以文案不需要仰赖视觉设计。""王左中右"的"字新闻"就属于一种"文字图形"，如图6-7和图6-8所示。

图6-7 "王左中右"的"字新闻":新浪微博上市

图6-8 "王左中右"的"字新闻":预测2014年巴西世界杯四强名次

王国培起初运营"王左中右"账号时,每天的微博仅有几十次转发。不甘于此,王国培开始玩文字游戏,于是便有了拆字、谐音、变形后被赋予更多内涵的创意字,往往蕴含着时事热点或新闻话题。例如,针对刘国梁被卸任国乒总教练的热点事件,王国培将"刘"的繁体字的部首"人""刂"予以标红,呼吁体育总局"刀下留人",如图6-9所示。

图6-9 "王左中右"的"字新闻":评论刘国梁被卸任国乒总教练事件

2. 好名称

小明接到领导安排的一项工作任务——新注册一个公众号,小明绞尽脑汁想了十多个名字,可是领导都不满意。

小芳申请了一个微信个人公众号，推荐给朋友，却被好友吐槽"一看名字就不想关注"。

那么公众号命名有什么诀窍呢？

笔者总结了公众号命名的两个原则：一是名称要方便口头推荐，二是名称要利于微信搜索。

（1）**名称要方便口头推荐**。公众号的名称好不好，不妨先在现实生活中做测试。当你向兴趣相投的朋友推荐时，如果连他们都提不起兴趣，那就要考虑重新命名了。

利于传播的公众号名称有两个特征。

第一，辨识度强。辨识度强如何定义？首先，辨识度强等于有个性。

为什么马凌、胡辛束不用自己的真名注册？因为她们的真名辨识度弱。

"胡辛束"的名称是怎么想出来的？胡辛束解释说："我本名叫'胡娜'，有人发音不准确，常叫成'胡辣'。我觉得'辣'更像我的性格，所以就想用作网名。但是注册时我发现叫'胡辣'的很多，觉得没有区分度，恰好有朋友叫我'辛束君'，我觉得这个名字挺有意思，就用了。"

"咪蒙"的名称是怎么想出来的？马凌解释说："'咪蒙'是我高中时期的外号，当时机器猫叫'阿蒙'，我长得矮胖矮胖的，同学们都觉得我像阿蒙。四川话里，'咪'是小的意思，他们直接叫我'咪蒙'，意思是小机器猫。后来写文章，就一直用这个绰号啦。"

其次,辨识度强等于体现身份。例如,"李叫兽"的名称就符合其营销人士的专业身份。

李靖谈起"李叫兽"的命名时解释说:"从广告语这个角度来衡量,这是比较跳脱的名称,能给人一种新锐或者逆袭的感觉。"

同样,"银教授吐槽"的名称也符合其段子手的身份。阿银解释说:"以前的午夜电台会经常播'两性健康'的小广告,请一个专家坐镇,什么'马教授'啊,'张主任'啊,这种角色比较有意思,我的名字中正好有个'银'字,就叫'银教授'吧。"

第二,引发好奇。

什么样的名称会让人好奇?含有故事的名称能引发好奇。

谈起"黎贝卡的异想世界"公众号的命名,方夷敏解释说:"有本书叫《购物狂的异想世界》,那本书的女主角就叫'黎贝卡'。她是一个记者,因为太爱买东西了,最后变成了一个导购,当时这也是我的梦想。"

(2)名称要利于微信搜索。微信搜索是公众号增粉的一大入口。

如果是注册区域性公众号,名称中含有区域词有利于网友搜索。例如,"成都新房摇号助手"公众号包含关键字"成都",利于成都地区的购房者去搜索。

如果是垂直类公众号，名称中包含行业词有利于微信搜索。同样以"成都新房摇号助手"为例，含有行业词"新房"和"摇号"的关键词，利于购房者搜索。

如果是解读名人的公众号，名称中包含名人词有利于微信搜索。例如，"六神磊磊读金庸"中的名人词"金庸"，利于金庸的粉丝关注。

3. Slogan

Slogan有什么用呢？一句简单易记的话，能引起粉丝的注意，并且被不断重复、反复强调，直到占据用户的心智。大品牌需要Slogan，自媒体网红当然也需要Slogan。

"胡辛束"：一个人的少女心贩卖馆。

点评：强相关度Slogan，拉拢心怀"少女心"的女粉丝。

"王左中右"：一个脱离了高级趣味的直男。

点评：故事性Slogan，欲知故事详情请见作者的文章《对不起，我只想当个段子手》。

"新世相"：每天最后一分钟，提供有物质基础的都市生活价值观。我们终将改变潮水的方向。

点评：正能量Slogan。

"黎贝卡的异想世界"：让时尚更有趣。

点评：说明公众号内容与时尚相关。

（二）表达符号

接地气的文字语言是自媒体红人鲜明的辨识符号。

1. 语言接地气

为什么语言表达要接地气？法国社会心理学家古斯塔夫·勒庞在《乌合之众》一书中写道："观念只有采取简单明了的形式才能被群体所接受，因此它必须经过一番彻底的改造，才能变得通俗易懂。"

能在海量公众号中脱颖而出，"咪蒙"公众号主理人马凌说自己靠的是"接地气"。生活中怎么说，她在文章中就怎么写，这是她和读者保持亲近感的方式。马凌一直欣赏作家刘瑜，其理由是"刘瑜可以降低飞行的高度，让文字落地，把知识变得有趣"。正因如此，某网友评价"咪蒙"的形象时写道："'咪蒙'对自己形象的塑造有几个鲜明的标签，如厨艺很好的吃货、又矮又胖、连续创业者、孩子他妈、花痴、编剧梦想……接地气啊！不是那种高不可攀的白富美，而是很平凡，却很努力，很有感情的，活生生的，你我他！一下子就拉近了亲近感和好感。虽然我不认识'咪蒙'，但她的形象在我脑海里迅速建立起来了。当再去看她的文章的时候，就感觉像在听一个好朋友讲故事。"

"六神磊磊读金庸"公众号主理人王晓磊还提出了自媒体的"半步理论"：一个自媒体人和读者的关系是不是可以比喻

为一起爬山的伙伴？运营者不领先读者太多，也不落在读者后面，不会远远地跑到很前的地方向他招手说"快来看这个地方"，也不会落在后面炒作一些读者已经觉得不新鲜的故事，向读者灌输一些他自己已熟知的价值观和内容。领先读者半步，说起来很玄乎，其实就是当你看到前面有一丝风景时，你可以转过身来，拉着他的手带他来看，对他说"你看这个地方有风景，很不错"。

2. 接地气等于面向大众

谈及"小顾聊绘画"受大众热捧的原因，"顾爷"公众号主理人顾孟劼说："现在随便一个展览都可以很火爆，但是大部分的人还是没有看懂，可能这就是'小顾聊绘画'会受欢迎的原因吧。"

"咪蒙"公众号主理人马凌自嘲自己以前太"装"了——曾经马凌爱看英剧和小众电影，但现在却最喜欢看韩剧，在豆瓣网写影评最多的也是韩剧和内地剧。面向大众写作反而帮助"咪蒙"赢得了大量的粉丝。

3. 接地气等于画面感强

"李叫兽"提倡"用最轻松的方式分分钟学习商业思维"，其营销文章不仅有深度，而且阅读起来不枯燥、不吃力。其秘诀是，人们对于复杂信息的理解感到困难，但是运用视觉化、类比、建模型、举案例等方法，就能将复杂难懂的理论变得简

第六章 教你做营销,提升影响力

单易懂。

有别于大多数作者写作爱引经据典,"咪蒙"却常用经典电影、热门电视剧举例,既通俗易懂,画面感又强。例如:

美国纯爱电影《怦然心动》里有一段我很喜欢的情节。女孩的父母吵架之后,对她说:"我们一定会解决好,这绝对不是你的错。"当晚,他们轮流去女孩的房间向她道歉,告诉她,父母永远相爱,也永远爱你,这让孩子无比安心。这样的对话实在太"治愈"了,女孩觉得,爸爸妈妈都很不容易,但生在这样的家庭自己很幸运。我想很多小孩会希望永远活在这样的电影里。

梦想也越来越不值钱了。以前,谈梦想是一件很神圣的事。《中国好声音》里导师问,你的梦想是什么,台下哇哇哭了一大片,人人热泪盈眶。现在导师一问梦想,台下笑成一片,笑到热泪盈眶。在很多人的眼里,谈梦想,有点尴尬。

日剧《求婚大作战》里说:你为什么总是那样在意时机和机会啊?等红绿灯转换了就告白,等这辆车开过去就告白,等两个人单独相处就告白。你就是因为太拘泥于这些小细节,才会抓不住那大幸福啊!所以,别等了,再等,爱情就是别人的了。

以前我们印象中的有钱人,是靠剥削穷人的廉价劳动力发家致富的，所以他们就像《唐顿庄园》中的贵族们，不知道什么是周末，因为每天都是周末。

4. 接地气等于表里如一

"咪蒙"公众号主理人马凌曾说："我在写文章的过程中，不会把自己放得那么高，不会太把自己当回事儿。"马凌曾用以下接地气的句子刻画"咪蒙"的内心戏。

乐队一开唱，我就崩溃了。演唱会万分贴心地在3块大屏幕上打上了字幕，显示歌词！唯恐我们这些老家伙们记不住歌词。于是，演唱会不可避免地变成了万人大合唱，声音几度盖过乐队本身！我花钱买票，原来是为了听人民群众大合唱哦。于是我也扯开嗓子喊，不能便宜了别人。

上次征集大家遇到过的糗事，看到不止我一个人在闹笑话，我就安心多了。

每天点外卖，我就看到黄小污掏出计算器，念念有词。"这个满30减12，比较便宜，分量大；这个没有优惠，贵一点，但是好吃。怎么办，好纠结，到底该选哪个？"作为吃货，我完全不能理解，当然要选好吃的那个（实不相瞒，我的恩格尔系数特别高，大部分的钱都花在吃上）。

有电视台请我去做节目，我的态度是这样的：在全自动

PS摄像机（瘦脸、瘦身、美白、磨皮全套）发明之前，我、是、绝、对、不、会、出、镜、的……

（三）视觉符号

"新世相"公众号主理人张伟曾说："公众号应该有自己的信念、深层审美和价值观，不停地强调'我'的存在，让别人记住你倡导的东西，如头像、题图风格等，并一贯保持自己的固定风格。"

"咪蒙"就打造了鲜明的视觉符号。

在头像设置上，"咪蒙"采用一个卡通形象——公主，又与传统的公主形象不同，带些恶搞的意味，如图6-10所示。"咪蒙"公众号主理人马凌的解释是："我选肖像，和我一贯的趣味是一样的，我喜欢颠覆常识。一直以来，人们心中的公主就是白白瘦瘦的，很端庄，很乖巧，但我喜欢做点冒犯传统的事情。"在版式设计上，目前公众号最流行的版式是文字中间插入大量的图片，"咪蒙"却有意反其道而行之，每篇只有一张头图。马凌认为："我的排版是为了让读者将注意力高度集中在文字上，我的文字有趣，我不希望被任何东西干扰。"在插画选用上，"猪坚强"是马凌合作最多的插画师。对于为何要选择"小清新"风格的插画，马凌的理由是："我的文字情绪比较激烈，所以我选的图片都是小清新的，视觉上舒缓的,和文字形成节奏上的互补,让大家看了不至于那么躁郁。"

图6-10 "咪蒙"的插画头像

第七章

教你求职法，升职又加薪

📋 摘要

- 酸　简历石沉大海，面试屡屡被拒，心塞。
- 甜　简历中哪些内容才是 HR 眼中的干货？月薪 3 000 和 8 000 的简历，差别在哪儿？为你一一揭秘。
- 苦　求职是学校未开设的课程，你没学过自然痛苦。
- 辣　为文案定制的求职指南，帮你少走弯路、找到出路。
- 咸　教你面试时自我介绍的 3 种模板，助你过关斩将、升职加薪。

一、思维转变：从"学生思维"到"职场思维"

学生思维和职场思维的区别如表 7-1 所示。

表 7-1 学生思维和职场思维的区别

学生思维	职场思维
求职是单向选择	求职是双向选择
简历 = 信息登记表	简历 = 宣传单
面试 = 回答问题	面试 = 带有目的性地回答问题
一份简历投给多个企业	针对目标职位定制简历
"我工作经验为零"	"我如何才能获得工作经验"
"公司太糟了，我要跳槽"	"公司是请我来解决问题的"

（1）求职是双向选择。企业在选择合适的人才，你也在选择合适的企业，因此，面试时切忌低声下气，受挫时切忌灰心丧气。

（2）制作简历就像制作宣传单。写简历不是填写个人信息登记表，而应像制作宣传单一样向招聘方宣传你的"价值点"。

（3）面试等于有目的性地回答问题。"胡辛束"公众号主理人胡辛束在《年薪百万之前你该知道的事》中写道："面试说白了就像高考答文综题，你要知道面试官问这个问题的目的是什么，想了解的信息是什么，想要考查哪一点。然后传达他想了解的信息，在这个过程中突出你的优势，就是面试取胜的法则了。"

（4）简历需定制，一份简历投给多个企业还不如不投。你需要根据招聘方的需求来定制简历。

（5）应届毕业生与其抱怨工作经验为零，不如努力找实习。"咪蒙"公众号主理人马凌研究生毕业后，申请了《南方周末》的实习，但并没有通过。她辗转去了《新快报》，后被推荐到《南方都市报》实习，最终找到机会留下来。中间的波折让她一度灰心丧气，在最终如愿后，她觉得自己找到了最好的工作。马凌回忆说："我一心想进媒体，而且非南方系媒体不进。从大三开始，我就一直在各种媒体实习，就是为了接近我最爱的《南方周末》——这么回顾起来，我真是个'腹黑''有心计'、深谋远虑的人啊！也许我最幸运的事，就是自我觉醒比较早，明白自己喜欢什么，以便早日开始，在一条道上走到黑。"

二、找工作困惑多？"求职方程式"解密

为什么自己感觉很符合的职位，投简历后却总被招聘方标记为"不匹配"？为什么自己参加的面试不少，却多数遭到拒绝？为什么同去应聘，最终录用的却是那个学历、资历不如自己的人？

笔者通过一个公式告诉你答案，这个公式就是"求职方程

式",如下所示:

求职方程式 = 硬实力 × 匹配度 × 展示技巧

1. 硬实力

对于有经验的职场人,招聘方看重的是相关工作经历,尤其是最近一年的工作情况。

对于应届毕业生,相较于学习成绩,招聘方更看重的是实习经验。

硬实力与学校知名度、企业知名度成正比。例如,毕业于清华大学、北京大学等名校,曾任职于腾讯公司、百度公司等知名公司的求职者更容易获得用人单位的青睐。

2. 匹配度

匹配度是指招聘方的岗位需求与求职者自身条件的匹配程度。求职是双向选择,求职者向往工资高、待遇好的工作,企业也在找有能力、有成功经验的员工,互相匹配才能在一起。

3. 展示技巧

展示技巧分为形象展示、文案展示和口头展示。

(1)形象展示:在面试中,求职者的精神状态、着装、礼貌等细节决定了招聘方对你的第一印象。

(2)文案展示:包括简历展示和作品展示。应聘新媒体编辑,除了准备简历外,可以展示自己运营的微信公众号。应聘文案总监，建议制作一份 PPT 展示工作计划。例如，足球教练穆里尼奥当年在竞聘切尔西球队主教练时，就准备了一份 PPT 向老板阐述自己的足球理念和建队规划，甚至球员的惯用脚、在球队中的作用等都有详细的数据。最终，老板当场拍板聘用。

（3）口头展示：包括自我介绍和面试问答，遵循"沟通漏斗理论"。对沟通者来说，如果存在于自己心中的想法是 100%，那么当你在面试的场合用语言表达时，这些想法的原意已经漏掉 20% 了。而当这剩余的 80% 进入面试官的耳朵时，由于知识背景不同等诸多原因，它们只余留了 60%。而到最后，真正被别人理解的大概只有 40%。

在公式中，连接三要素的符号是乘号，如果求职者与职位要求不匹配，那么相乘的结果为 0；如果求职者工作经历造假，那么相乘的结果为负数。

三、怎样避免写"自嗨"简历

"李叫兽"公众号主理人李靖在《为什么你会写自嗨型文案？》一文中定义了"X 型文案"和"Y 型文案"。李靖强调："X 型文案以感动自己为目的，从而写出了大量的、让人费解的自嗨文案；Y 型文案是对用户感受的设计，它一定是从用户的需求出发的，是视觉化的、直指利益的，并且让用户付出简单行动的文案。"

我们在制作简历的时候,也要使用 Y 型文案。例如,要做到"从用户的需求出发",就要像考试审题一样仔细查看职位说明书,对照上面的需求写简历。

又如,要做到"视觉化",就运用数据说明,如制作新媒体运营的简历时,与其夸自己多厉害,不如呈现"单篇文章阅读量 × 万 + 次""单次活动增粉 × 万人"的数据,如表 7-2 所示。

表 7-2 数据和作品的说服力和可信度

	说服力	可信度
自吹自擂	☆	☆
数据说话	★★★	★★★
作品证明	★★★	★★★★
数据说话 + 作品证明	★★★★★	★★★★★

四、简历屡次被拒!挑剔的 HR 到底在想什么

"知乎"上有个提问:"为什么我在'拉勾'网投简历永远不匹配?"某网友回应:"看来遇到此问题的不止我一个,我陆陆续续地投了 150 多份简历,而且都是门槛比较低的,结果无一例外,全是不匹配。我在 51job 网上投,好歹还给我打电话约去面试。唉,今天痛定思痛,把'拉勾'卸载了。"

以上问题之所以困扰求职者,是因为求职者不明白 HR 筛

选简历时到底在想什么。

1. HR 的思维模式：做判断题

HR 在筛选简历时，开启的是做判断题的思维模式，即对照岗位说明书判断简历是否匹配。例如：

杜蕾斯采编

（1）1 年以上从业经验，从事过采编相关工作者优先；

（2）知识面广泛且有较强的文字处理能力；

（3）对社交传播领域有洞察力与理解力。

HR 要为"杜蕾斯"招募一名采编，以下 A、B 两份简历，哪一份更匹配？

简历 A

（1）2 年房地产文案经验；

（2）服务万科、龙湖等客户。

简历 B

（1）1 年公众号编辑经验；

（2）单篇微信文章阅读量 5 万 + 次。

HR 的选择是简历 B。因为简历 A 虽然传统广告经验丰富，但是缺少新媒体经验。

2. 简历高手的思维模式：做证明题

第一步：从职位说明书中找出"匹配点"。例如：

新媒体编辑

工作内容：

（1）独立完成少女生活方式类和情感类文章的创作，能产出好内容；

（2）热爱一切与少女相关的事物；

（3）内心敏感，文字撰写能力强；

（4）执行力强。

加分项：

（1）运营过自己的公众号，或创造过被广泛传播的内容；

（2）有自己的爱好。

小明投递以上职位，找到的"匹配点"是"生活方式类和情感类文章的写作经验"和"公众号的运营经验"。

第二步：对"匹配点"加以证明。例如，证明"公众号的运营经验"，小明可以用数据呈现单篇文章的阅读量、粉丝数等。

五、普通人如何写出逻辑性强的简历

要将一颗颗珍珠串成项链，需要一根线。"STAR 法则"对于简历的作用就如同这根线，帮助你有条不紊地说服 HR。

"STAR 法则"为简历的"工作经历"部分提供逻辑框架，"STAR"是 Situation、Task、Action 和 Result 四个单词的缩写。

Situation:事情是在什么情况下发生的。

Task:你是如何明确你的任务的。

Action:针对这样的情况分析,你采用了什么行动方式。

Result:结果怎样,你的工作创造了什么价值。

例如,投递品牌经理职位时,小明按照"STAR 法则"写的工作经历,如表 7-3 所示。

表7-3 用 STAR 法则写的工作经历

法则	实例
S	2015 年某打车软件到成都开拓新市场
T	我作为某打车软件成都市场部的负责人,面临的压力非常大,一边是同行竞争,一边是 App 下载指标
A	我想了很多办法,除了打车补贴外,还采取了跨界营销的方式与知名企业共同营销
R	最终超额完成任务,获得了领导的认可

在加入数据和业绩后,小明修改后的工作经历,如表 7-4 所示。

表7-4 修改后的工作经历

法则	实例
S	2015 年某打车软件到成都开拓新市场,市场竞争激烈
T	年度市场费用不到 40 万元,要完成年度×× 的用户指标
A	针对情况,我带领市场部团队与成都知名企业完成了 15 场跨界营销活动,其中"定制接机"活动微信文章阅读量超过 10 万次
R	最终不仅超额完成任务,而且 2015 年微信公众号粉丝从 0 增长至 20 万人

六、面试自我介绍，3种模板任你选

面试时做自我介绍，往往决定了面试官对你的第一印象。大多数人做自我介绍的缺点要么是缺少逻辑，面试官听了一脸蒙；要么是重点不突出，没有把话说到点子上。

下面就告诉你面试时做自我介绍的3种模板。

1. 总分总法

首先，你用一句话介绍自己。然后，用"STAR法则"讲2～3个案例，对自己的优势加以证明。最后，用一句话总结自己的优势。

总分总法示例如下。

总

面试官您好，我叫××，来自××大学，专业是××，大二的时候去××大学交流一年，而在这短短4年里，我一共完成了3项"作品"。

分

第一项是我在大一的时候，负责一个校园公众微信账号的运营。那个时候公众微信刚刚起步，所有人都在摸索怎么做。我通过用户调研，快速迭代内版板块，慢慢摸索盈利模式，最终在我运营的3个月里，账号粉丝从2 000人上涨到5 000人。

第二项是我大三回到学校参加一个省级微营销比赛，当时我是队长，需要负责整个队伍的产品定位、项目管理和产品运营。因为之前有过经验,所以这次就直接按照流程一步一步走。先分析用户需求,确定产品受众与表现形式,接着根据队员个人资源分配任务并及时跟进,最后就是直接参与到微博、微信的运营中。结果我们在两个月的时间里完成了9个产品的推广运营,传播量共计3万多次。

我的第三项"作品"就是自己,整个大学期间我都在不断打磨自己。无论是知识体系、学习方法,还是日程管理、人际交往,我都通过阅读、记笔记、写博客等这些简单的输入输出法得到了很好的锻炼,而这也是我今天有勇气和机会站在这里面试的一个重要原因。

总

所以说,我能给公司带来的,绝不仅仅是做一个产品的经验,实际上是一个热情、认真、好学、有趣的自己。

2. 关键词法

"关键词法"是指用两个关键词来总结你的优势。例如,"文案策划"的职位可拆分为"文案"和"策划"两个关键词。

"关键词法"示例如下。

面试官您好,我叫××,接下来我以两个关键词来介绍我的应聘优势。

第一个关键词是"文案"。2010年,我在"猪八戒网"参加文案类的投标项目,包括软文、新闻稿、活动方案等。一开始中标率不高，但我不断学习高手经验，逐渐提升客户沟通技巧，短短 3 个月的时间就中标了 55 项文案类项目。

第二个关键词是"策划"。我主导过××互联网企业的品牌传播策划。在 2015 年春节期间策划的"橙色 bus"事件营销，微信文章阅读量超过 10 万次，营销事件获得"广告门"的报道。

3. why-why 法

用"why-why 法"做自我介绍分两部分，第一部分的主题是"我为什么选择公司"，第二部分的主题是"公司为什么选择我"。

"我为什么选择公司"，重点强调自己和职位的匹配度高。"公司为什么选择我"重点强调自己能为公司带来的价值是什么。

"why-why 法"示例如下。

面试官您好，我叫××，我以两个主题来开始自我介绍。

第一个主题是：我为什么选择贵公司。首先，我在传播行业有 7 年文案经验，服务客户不掉链子；其次，贵公司提供的企划经理岗位与我的职业生涯规划目标一致。

第二个主题是：贵公司为什么选择我。首先，贵公司刚筹建企划部，我拥有 7 年文案经验，而贵公司正需要有经验的人才；其次，我拥有 3 年管理经验，可以独立负责部门员工的考核和培训。

七、教你高情商的对答：面试"送命"题变送分题

在面试中，面试官会通过提问来评估求职者。其实，除了专业类问题考查的是求职者的工作能力外，很多时候，一些看似"无关紧要"的问题其实是为了考查求职者的"情商"。

在面试中，高情商的人与低情商的人有哪些区别？

区别一：高情商的人能换位思考，会从公司利益考虑问题，而低情商的人仅仅从自身利益考虑问题。

区别二：高情商的人会扬长避短，知道"话有三说，巧说为妙"的道理，而低情商的人却将自身的短板彻底暴露。

下面是8组面试问答。

面试官提问："你如何看待加班？"

低情商的回答："我不加班。""加班到多晚都能接受。"

高情商的回答："加班是态度，不加班是能力。"

面试官提问："你为什么从上家公司离职？"

低情商的回答："老板太凶、工资太低、压力太大。"

高情商的回答："我老公工作在这个城市，因此只好离职重新找。"

面试官提问："你是一个独来独往的人吗？"

低情商的回答："彪悍的人生不需要解释。"

高情商的回答："在生活中独立，在工作中集体主义。"

面试官提问:"你什么时候能来上班?"

低情商的回答:"随时都行!明天就来!""大概要两个月之后吧,我想给自己放个假。"

高情商的回答:"我会尽快处理好自己手头的工作,完成交接后就来入职,大概需要一周的时间。"

面试官提问:"在5年的时间内,你的职业规划是什么?"

低情商的回答:"3年买车,5年买楼。"

高情商的回答思路是在谈到规划时,可以适当地与公司线路相贴合。

面试官提问:"你的爱好是什么?"

低情商的回答:"打游戏。"

高情商的回答思路是找出一个和所申请职位最吻合的爱好。

面试官提问:"你的缺点是什么?"

低情商的回答:"拖延症。""脾气不好。"

高情商的回答思路是说一个自己已经在改正的缺点。能让面试官知道你能清楚地了解自己的不足,又能看到已经积极地在改变自己。

面试官提问:"你有什么要问我的吗?"

低情商的回答:"我非常渴望来公司上班,我愿意从基础做起。""平时是否有加班费？一年搞几次外出旅游？"

高情商的回答："公司采取了什么样的方法和措施，来保证新员工的成长？"

八、毕业生求职，如何才能挤进大公司

职业生涯起步要选好平台。相比小公司，大公司在品牌光环、人脉资源、专业流程上占优势。

曾在奥美工作的"姜茶茶"给毕业生的建议是："刚毕业还是去大公司打基础比较好，比如你在奥美，哪怕文案要改一句话，都要下一张纸质的 brief（创意简报），而小公司肯定没有这么专业。小公司真是坑太多了，天天都被拉去比稿，提案也总是给你提个五六轮。"

不过，毕业生想进大公司可不容易。当年，"姜茶茶"去奥美公司求职，面试结束后一个月都没有答复。于是，"姜茶茶"找出面试时总监给她的名片，但打电话无人接；于是"姜茶茶"又给总监发邮件，在正文里反复强调"我想去奥美"。又过了一天，依然没有得到回复，"姜茶茶"心想肯定是没戏了。万万没想到，两天后总监就给"姜茶茶"发来了录用通知，说被"姜茶茶"那封邮件打动了。

其实，毕业生要想进入大公司，有以下两种方式。

1. 被动求职

被动求职的特征是，权力掌握在招聘方，求职者通常要与几百甚至几千人竞争一个职位，处于弱势的地位。

被动求职时，大多数人会在简历筛选环节就遭到淘汰。写简历要避免哪些坑？

"黎贝卡的异想世界"公众号主理人方夷敏开公司后常收到应聘者的简历，对简历问题最有发言权，她的建议是：真的不要再说"我是来学习的""我没有任何相关经验，但请给我一个机会"或者"我觉得自己不符合要求，但还是想试试"。任何一家公司都不是付费学校，你应该积极地挖掘自己的闪光点，并让面试官看到。如果你写了A、B、C部门都适合，那我觉得你应该先做好一件事：正确地认识自己。有针对性地投简历一定是命中率更高的。有时看简历有这样的感觉："你的简历看起来很不错，可是跟我一点关系都没有啊。"然后很无奈地将其淘汰。

2. 主动吸引

主动吸引的权力掌握在求职者自己手中。如何化被动为主动，反转权力，让大公司邀请你加入？在新媒体时代，通过自媒体传播你的观点，写出10万+次的爆款文章，让企业来找你，一切皆有可能！

下面是李靖"主动吸引"的故事。

2013年的某天,李靖坐在武汉大学的教室里,一边听着百度的宣讲会,一边斗志昂扬地规划着自己的BAT(百度、阿里巴巴和腾讯三大互联网公司的首字母缩写)之路。残酷的是,百度并没有给他机会,腾讯也没有,之后的上市公司也都拒绝了他。校招全军覆没以后,李靖选择保研,去了清华大学。

研究生一年级的时候,李靖发表文章《月薪3 000与30 000的文案区别》,成为朋友圈刷屏的爆款文章。360董事长周鸿祎在网上看到这篇文章后,主动联系李靖,邀请李靖给360公司做咨询。2014年起,李靖又发布百余篇高质量的商业分析文章,营销圈终于发现了这位有才华的年轻人,半年的时间内超过2 000家企业找李靖做咨询。2016年年底,李靖的营销咨询公司以近亿元的估值被百度收购。

至此,李靖从校园招聘时被百度拒绝的毕业生,逆袭成为百度史上最年轻的副总裁。

附录

佩弦老师的文案课程

入门课程

《咪蒙的新媒体爆款文案之道》

课程特色:有趣!励志!

学习目标:告别迷茫,找到榜样。

网易云课堂购买

淘宝网购买

进阶课程

《厉害了！杜蕾斯：运营编辑文案课》

课程特色：干货！有料！

学习目标：学会套路，运营有道。

网易云课堂购买

《爆款文案联盟！微信公众号写作课》

课程特色：有料！有用！

学习目标：从 0 到 10 万 +，写作进阶。

网易云课堂购买

系统课程

《和佩弦一起学新媒体文案》

课程特色：让你系统高效地学习文案写作。

学习目标：①帮助文案毕业生轻松就业；

②帮助职场人写文案又快又好。

网易云课堂购买

特别鸣谢

佩弦文案课堂
何娇娇

淘宝教育
余磊、米悦、灵赛

网易云课堂
金贝

北京大学出版社
魏雪萍、吴晓月